O PROFETA

UMA LÁGRIMA E UM SORRISO

Título original: *The Prophet/A Tear and a Smile*
copyright © Editora Lafonte Ltda. 2022

Todos os direitos reservados.
Nenhuma parte deste livro pode ser reproduzida por quaisquer meios existentes sem autorização por escrito dos editores.

Direção Editorial *Ethel Santaella*

REALIZAÇÃO

GrandeUrsa Comunicação

Direção *Denise Gianoglio*
Tradução *Celina Vergara*
Revisão *Luciana Maria Sanches*
Capa, Projeto Gráfico e Diagramação *Idée Arte e Comunicação*

Dados Internacionais de Catalogação na Publicação (CIP)
(Câmara Brasileira do Livro, SP, Brasil)

```
Gibran, Khalil, 1883-1931
   O profeta ; Uma lágrima e um sorriso /
Khalil Gibran ; tradução Celina Vergara. --
São Paulo : Lafonte, 2022.

   Título original: The prophet ; A tear and a smile
   ISBN 978-65-5870-239-9

   1. Ficção libanesa 2. Poesia libanesa I. Título.
II. Título: Uma lágrima e um sorriso.

                                      CDD-L892.7
22-101057                              -L892.71
```

Índices para catálogo sistemático:

1. Ficção : Literatura libanesa   L892.7
2. Poesia : Literatura libanesa   L892.71

Cibele Maria Dias - Bibliotecária - CRB-8/9427

Editora Lafonte

Av. Profª Ida Kolb, 551, Casa Verde, CEP 02518-000, São Paulo-SP, Brasil – Tel.: (+55) 11 3855-2100
Atendimento ao leitor (+55) 11 3855-2216 / 11 3855-2213 – atendimento@editoralafonte.com.br
Venda de livros avulsos (+55) 11 3855-2216 – vendas@editoralafonte.com.br
Venda de livros no atacado (+55) 11 3855-2275 – atacado@escala.com.br

KHALIL GIBRAN

O PROFETA

UMA LÁGRIMA E UM SORRISO

Tradução
Celina Vergara

Brasil, 2022

Lafonte

SUMÁRIO

O PROFETA

A CHEGADA DO NAVIO 9
AMOR 15
CASAMENTO 18
FILHOS 19
DOAÇÃO 21
COMIDA E BEBIDA 24
TRABALHO 26
ALEGRIA E TRISTEZA 29
CASAS 30
ROUPAS 33
COMPRA E VENDA 34
CRIME E CASTIGO 36
LEIS 40
LIBERDADE 43
RAZÃO E PAIXÃO 45
DOR 47
AUTOCONHECIMENTO 48
ENSINO 50
AMIZADE 51
DIÁLOGO 52
TEMPO 54
O BEM E O MAL 55
ORAÇÃO 58
PRAZER 60
BELEZA 63
RELIGIÃO 66
MORTE 68

UMA LÁGRIMA E UM SORRISO

A CRIAÇÃO 83
DOIS BEBÊS 84
A CASA DA FORTUNA 86
A MORTE DE UM POETA É A SUA VIDA . . .88
O CRIMINOSO. 90
CANÇÃO DA FORTUNA. 92
CANÇÃO DA CHUVA 95
O POETA 97
RISOS E LÁGRIMAS 100
VISÃO. 103
DOIS DESEJOS .105
ONTEM E HOJE. 108
DEIXE-ME, MINHA CULPA. 112
A BELEZA DA MORTE 115
   Parte 1 . O Chamado 115
   Parte 2 . A Ascensão 117
   Parte 3 . Os Restos 118
A VOZ DE UM POETA. 120
   Parte 1 120
   Parte 2 122
   Parte 3 124
   Parte 4 125
   Conclusão 127

A VIDA DE AMOR....................128
   Primavera 128
   Verão 130
   Outono............................ 131
   Inverno 132
CANÇÃO DA ONDA 133
PAZ................................136
O PARQUE DE DIVERSÕES DA VIDA.....138
A CIDADE DOS MORTOS...............139
A VIÚVA E SEU FILHO................142
CANÇÃO DA ALMA 145
CANÇÃO DA FLOR 147
CANÇÃO DE AMOR 148
CANÇÃO DO HOMEM 150
ANTES DO TRONO DA BELEZA 152
O CHAMADO DO AMOR...............155
O PALÁCIO E A CABANA..............158
   Parte 1 158
   Parte 2 159

O PROFETA

A chegada
do navio

Almustafa, o escolhido e adorado, a alvorada de seu próprio dia, esperou 12 anos na cidade de Orphalese pelo navio que iria regressar e levá-lo de volta à ilha onde nascera.

E no 12º ano, no sétimo dia de Ailul, o mês da colheita, ele subiu a colina e olhou para além das muralhas da cidade em direção ao mar. E naquele momento, avistou o navio no meio da névoa.

Então os portões de seu coração se abriram e sua alegria voou muito além do mar. E ele fechou os olhos e orou nos silêncios de sua alma.

Mas, certa tristeza se apoderou dele enquanto descia a colina, e ele pensou em seu coração:

Como poderei partir em paz e sem tristeza? Não, não deixarei esta cidade com o espírito intacto.

Longos foram os dias de agonia que passei
dentro de suas paredes e longas foram as noites
de solidão; e quem pode deixar sua agonia e sua
solidão sem arrependimento?

Tantos fragmentos do espírito espalhei por estas
ruas e tantos filhos do meu anseio que caminham
nus por estas colinas, que não posso me afastar
deles sem mágoa e sem dor.

Não é uma roupa que tiro hoje, e sim uma pele que
rasgo com minhas próprias mãos.

Nem é um pensamento que abandono, e sim um
coração amolecido pela fome e sede.

No entanto, não posso demorar mais.

O mar que chama todas as coisas ao seu ventre agora me
chama e devo embarcar.

Pois permanecer, embora as horas ardam
durante a noite, seria congelar e cristalizar, ficar
preso em um molde.

De bom grado, levaria comigo tudo o que está aqui. Mas,
como poderia fazer?

Uma voz não pode transportar a língua e os lábios, que lhe
deram asas. Sozinha deve buscar o éter.

Também sozinha e sem ninho a águia deverá voar
através do sol.

Quando chegou ao sopé da colina, voltou-se novamente para o mar e viu o navio se aproximando do porto; na proa, os marinheiros, os homens de sua própria terra.

E sua alma clamou por eles, e ele disse:

Filhos da minha velha mãe, vocês, cavaleiros das marés, quantas vezes navegaram em meus sonhos. E agora vêm quando estou acordado, e este é o meu sonho mais profundo.

Estou pronto para partir, e minha ânsia pelas velas armadas aguarda o vento.

Apenas um último suspiro neste ar parado, apenas mais um olhar amoroso lançado para trás,

E então estarei entre vocês, um marinheiro entre os marinheiros. E você, vasto mar, mãe insone,

Que sozinho é paz e liberdade tanto para o rio como para o riacho,

Só haverá mais uma curva neste riacho, apenas mais um murmúrio nesta clareira,

E então irei até você, gota infinita em um oceano sem limites.

E, enquanto caminhava, viu ao longe homens e mulheres deixando seus campos e vinhedos e se apressando em direção aos portões da cidade.

E ele ouviu vozes chamando seu nome, gritando de
campo em campo, contando uns aos outros sobre a
chegada do navio.

E ele disse a si mesmo:

O dia da despedida será o dia do encontro?

E um dia dirão que o meu crepúsculo era, na
verdade, a minha aurora?

E o que oferecer àquele que deixou seu arado no meio do
campo ou àquele que parou a moagem de seu vinhedo?
Será que meu coração se tornará uma árvore carregada de
frutos para que eu possa colher e dar a eles?

E meus desejos deverão fluir como uma fonte para
que eu possa encher suas taças?

Seria uma harpa para que a mão dos poderosos
me toque ou uma flauta para que o seu sopro
passe por mim?

Se sou um caçador de silêncios, que tesouro
teria encontrado nos silêncios para que possa
compartilhar com confiança?

Se hoje é o meu dia de colheita, em que campos teria
semeado as sementes, em que estações esquecidas?

Se é realmente a hora de erguer minha lanterna, não é
minha chama que nela brilhará.

Erguerei minha lanterna escura e vazia,

E o guardião da noite a encherá de azeite e acenderá a chama.

Tais coisas ele disse por meio de palavras. Entretanto em seu coração muitas outras permaneceram não ditas. Pois ele mesmo não conseguia revelar seu segredo mais profundo.

E, quando entrou na cidade, todo o povo veio ao encontro dele, e todos gritavam em uma só voz.

E os anciãos da cidade se adiantaram e disseram:

Ainda não, não se vá.

Você foi a luz do dia em nosso crepúsculo, e sua juventude nos deu sonhos para sonhar.

Entre nós, não é nenhum estranho, nem um convidado, e sim nosso filho e nosso adorado.

Não deixe que os nossos olhos procurem o seu rosto em vão, ainda não.

E os sacerdotes e as sacerdotisas lhe disseram:

Não deixe que as ondas do mar nos separem agora e os anos que passamos juntos se tornem uma memória.

Você caminhou entre nós como um espírito, e sua sombra tem sido a luz que ilumina nosso rosto.

Nós o amamos muito. Mas sem palavras foi nosso amor, que com véus foi velado.

No entanto, agora ele clama em voz alta por você, e não tem medo de ser revelado.

Afinal, assim é o amor que não conhece a própria profundidade até a hora da separação.

E outros vieram para suplicar que ficasse. Porém ele não respondeu. Apenas inclinou a cabeça; e aqueles que estavam perto viram suas lágrimas caindo sobre o peito.

E ele e o povo prosseguiram em direção à grande praça diante do templo.

E do santuário saiu uma mulher chamada Almitra, uma profetisa.

E ele a olhou com extrema ternura, pois ela tinha sido a primeira a procurá-lo e a acreditar nele, quando estava apenas há um dia na cidade. E ela o saudou, dizendo:

Profeta de Deus, que busca o que há além, há muito observa o horizonte à espera de seu navio.

E agora seu navio chegou, e você precisa partir.

Profundo é o seu anseio pela terra de suas memórias e a morada de seus maiores desejos; e nosso amor não vai amarrá-lo, nem nossas necessidades vão segurá-lo.

No entanto, antes de nos deixar, pedimos que fale conosco e nos ofereça sua verdade.

E nós a daremos a nossos filhos e eles a seus filhos, e assim nunca perecerá.

Em sua solidão você resguardou nossos dias, e em sua vigília, ouviu o choro e o riso de nosso sono.

Agora, portanto, revele-nos a nós mesmos e compartilhe tudo o que lhe foi mostrado sobre o que ocorre entre o nascimento e a morte.

E ele respondeu:

Povo de Orphalese, o que poderia falar que já não se move em sua alma?

Amor

Então disse Almitra:
fale-nos do Amor.

E ele ergueu a cabeça e olhou para o povo.

Uma quietude pairou sobre eles.
E, com uma voz forte, ele disse:

Quando o amor acenar para vocês, sigam-no,

Mesmo que o caminho seja difícil, íngreme.

E quando suas asas os envolverem, entreguem-se a ele,

Embora a espada escondida entre suas penas possa feri-los.

E quando ele falar com vocês, acreditem nele,

Embora sua voz possa destruir seus sonhos como o vento norte destrói o jardim.

Pois assim como o amor vem coroá-los, também vem crucificá-los. Assim como é para o seu crescimento, também é para a sua poda.

Mesmo quando se eleva e acaricia seus ramos mais tenros que estremecem ao sol,

O amor também desce até o solo para sacudir suas raízes tão apegadas à terra.

Como se fossem feixes de milho, ele o
reúne para si mesmo.

Ele os debulha até os deixar nus.

Ele os peneira para libertá-los de suas palhas.

Ele os tritura até ficarem brancos.

Ele os amassa até ficarem flexíveis;

E então os designa ao seu fogo sagrado, para que possam se tornar o pão sagrado para a festa sagrada de Deus.

Todas essas coisas devem ser feitas pelo amor para que vocês conheçam os segredos do seu coração e, nesse conhecimento, tornem-se um fragmento do coração da Vida.

Entretanto, se em seu medo buscarem apenas a paz do amor e o prazer do amor,

Então é melhor que cubram sua nudez e saiam da eira do amor,

Para o mundo sem estações onde devem rir, mas não todas as suas risadas, e chorar, mas não todas as suas lágrimas.

O amor nada dá a não ser a si mesmo e nada tira a não ser de si mesmo.

O amor não possui nem é possuído;

Pois o amor é suficiente para o amor.

Quando amam, não devem dizer: "Deus está em meu coração", e sim, "eu estou no coração de Deus".

E não pense que podem direcionar o curso do amor, uma vez que o amor, se os achar dignos, direcionará os seus cursos.

O amor não tem outro desejo a não ser se realizar.

Porém, se vocês amam e buscam ter desejos, deixem estes serem os seus desejos:

Derreter-se e se tornar um riacho que canta sua melodia para a noite. Conhecer a dor de ter muita ternura.

Ferir-se por sua própria compreensão do amor;

E sangrar de boa vontade e com alegria.

Acordar de madrugada com o coração alado e agradecer por mais um dia de amor;

Descansar ao meio-dia e meditar no êxtase do amor;

Voltar para casa ao entardecer com gratidão;

E então dormir com uma oração à pessoa amada em seu coração e uma canção de louvor em seus lábios.

Casamento

Então Almitra falou de novo e perguntou ao mestre: e o Casamento?

E ele respondeu:

Vocês nasceram juntos e juntos ficarão para sempre.

Deverão ficar juntos quando as brancas asas da morte escassearem seus dias.

Sim, vocês deverão ficar juntos até mesmo na memória silenciosa de Deus.

Mas, permitam que haja espaços em sua união,

E deixem que os ventos dos céus dancem entre vocês.

Amem-se, contudo não façam do amor uma amarra.

Permitam que seja um mar em movimento entre as margens de sua alma.

Encham a taça um do outro, mas não bebam
de uma só taça.

Deem pão um ao outro, mas não
comam do mesmo pedaço.

Cantem e dancem juntos e se tornem alegres, mas deixem
que cada um viva só, na própria companhia.

Assim, como as cordas de um alaúde são únicas, embora
vibrem na mesma melodia, entreguem seu coração, mas
não para a guarda um do outro.

Pois apenas a mão da Vida pode conter seu coração.

E fiquem juntos, mas não muito próximos,

Pois os pilares do templo foram feitos separados,

E o carvalho e o cipreste não crescem à
sombra um do outro.

Filhos

E uma mulher que segurava um bebê contra o
peito disse: fale sobre Filhos.

E ele disse:

Seus filhos não são seus filhos.

São filhos e filhas da Vida que anseia por si mesma.

Eles vêm ao mundo por intermédio de vocês, mas não propriamente de vocês,

E, embora estejam com vocês, não pertencem a vocês.

Podem lhes dar o seu amor, mas não seus pensamentos,

Pois eles têm os próprios pensamentos.

Podem abrigar o corpo deles, mas não a alma,

Pois a alma deles habita na morada do amanhã, que vocês não podem visitar, nem mesmo em seus sonhos.

Podem se esforçar para ser como eles, mas não tentem fazer com que eles sejam como vocês. Porque a vida não retrocede nem se detém no ontem.

Vocês são os arcos pelos quais seus filhos são lançados como flechas vivas.

O arqueiro vê o alvo no caminho para o infinito
e Ele puxa cada um com seu poder para que suas flechas possam ir rápidas e longe.

Entreguem-se de bom grado às mãos do Arqueiro;

Já que assim como Ele ama a flecha que voa, Ele também ama a estabilidade do arco.

Doação

Então disse um homem rico:
fale sobre Doação.

E ele respondeu:

Vocês doam pouco quando doam seus bens.

É quando doam de si mesmos que realmente doam.

Mas o quê são as suas posses senão coisas que guardam por medo de que possam precisar delas amanhã?

E o amanhã, o que o amanhã poderá trazer para o cão tão prudente que enterra os ossos na areia sem trilhas enquanto segue os peregrinos até a cidade sagrada?

E o que é o medo da necessidade senão
a própria necessidade?

Não é o medo da sede, diante de um poço
cheio, que é insaciável?

Existem aqueles que doam pouco do muito que possuem — e o fazem em troca de reconhecimento; seu desejo oculto torna seus presentes nocivos.

E há quem tenha pouco e doe tudo.

Esses são os que acreditam na vida e na generosidade da vida, e seu cofre nunca está vazio.

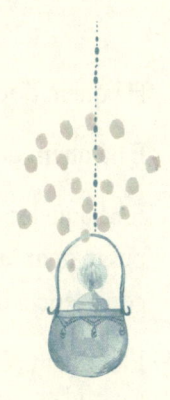

Há quem doe com alegria, e essa alegria é sua recompensa.

E há quem doe com pesar, e esse pesar é o seu batismo.

E há aqueles que doam e não conhecem o pesar, nem buscam alegria, nem doam com consciência da virtude;

Eles doam como a murta, que espalha sua fragrância no vale tão distante.

Deus fala pelas mãos dessas pessoas, e por trás de seus olhos Ele sorri para o mundo.

É bom doar quando alguém pede, mas é melhor doar sem ser solicitado, por meio da compreensão;

E para o generoso, a busca por alguém que receba é uma alegria maior do que a doação.

E há algo que possam guardar para vocês?

Tudo o que têm um dia será doado;

Portanto, doem agora, para que a época da gratidão seja sua e não de seus herdeiros.

Vocês costumam dizer: "Eu doaria, mas apenas para quem merece".

As árvores em seu pomar não dizem isso, nem os rebanhos em seu pasto.

Eles doam para que possam sobreviver, pois guardar é perecer.

Certamente aquele que é digno de receber seus dias e suas
noites é digno de tudo que possam doar.

E quem mereceu beber do oceano da vida merece
encher sua taça em seu riacho.

E haveria virtude maior do que aquela que
reside na coragem e na confiança, ou melhor, na
caridade, de receber?

E quem são vocês para que os homens venham
de coração aberto e revelem o seu orgulho,
para que vejam o seu valor desnudado e o
seu orgulho descarado?

Garantam antes que vocês mesmos mereçam ser
doadores e instrumentos de doação.

Pois, na verdade, é a vida que dá vida — enquanto vocês,
que se consideram doadores, são apenas testemunhas.

E vocês, que recebem a doação — e todos a recebem
— não assumam nenhum peso pela gratidão,
para não colocar um jugo sobre si mesmo e sobre
aqueles que doaram.

Em vez disso, andem lado a lado com o doador de suas
dádivas, como se fossem asas;

Pois se preocupar demais com suas dívidas é
duvidar da generosidade daqueles que têm a terra
livre como mãe e Deus como pai.

Comida
e bebida

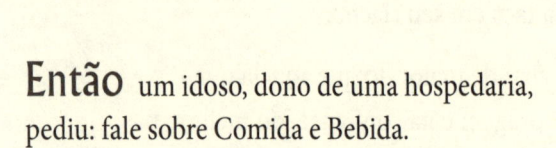

Então um idoso, dono de uma hospedaria, pediu: fale sobre Comida e Bebida.

E ele disse:

Oxalá vocês pudessem viver da fragrância da terra e, como uma planta aérea, serem sustentados pela luz.

Mas já que devem matar para comer e roubar o leite da mãe do recém-nascido para matar sua sede, que seja um ato de adoração,

E permitam que sua mesa se torne um altar, no qual os puros e inocentes da floresta e da planície sejam sacrificados por aquilo que é mais puro e ainda mais inocente no homem.

Quando matarem um animal, digam a ele em seu coração,

"Pelo mesmo poder que o abate, eu também sou abatido; e eu também devo ser consumido. Pois a lei que o entregou a minhas mãos é a mesma que me entregará a mãos mais poderosas.

Seu sangue e meu sangue nada mais são do que a seiva que alimenta a árvore do paraíso."

E quando cravarem os dentes em uma maçã, digam a ela em seu coração,

"Suas sementes viverão em meu corpo,

E os brotos do seu amanhã florescerão em meu coração,

E sua fragrância será o meu hálito,

E juntos nós celebraremos todas as estações."

E no outono, quando colherem as uvas de seus vinhedos para a moagem, digam em seu coração:

"Também sou um vinhedo, e meus frutos serão colhidos para o lagar[1],

E como vinho novo, devo ser guardado em barris eternos."

E no inverno, quando servirem o vinho, tenham no seu coração uma canção para cada taça;

E que em cada canção haja uma lembrança para os dias de outono, e para o vinhedo, e para o lagar.

---

1   Tanque onde se separa a parte líquida da massa sólida dos frutos. (N. da T.)

Trabalho

Então um lavrador disse: fale sobre Trabalho.

E ele respondeu, dizendo:

Vocês trabalham para acompanhar o ritmo da terra
e da alma da terra.

Pois ser ocioso é se tornar um estranho às estações do ano e se afastar da procissão da vida, que marcha em majestade e em orgulhosa submissão ao infinito.

Quando trabalham, são uma flauta em cujo coração o sussurro das horas se transforma em música.

Qual de vocês seria um junco, mudo e silencioso, quando tudo o mais canta em uníssono?

Sempre lhe disseram que o trabalho é uma maldição e o esforço, uma desgraça.

Entretanto eu digo a vocês que, quando trabalham, realizam parte do sonho mais antigo da terra, atribuído a vocês quando esse sonho nasceu,

E, ao trabalhar com esforço, estão na
verdade amando a vida,

E amar a vida por meio do trabalho é ter
intimidade com o segredo mais íntimo da vida.

Mas, se, em sua dor, chamarem o nascimento de agonia e o sustento do corpo de uma maldição que têm gravada na testa, então respondo que só o suor de sua testa lavará o que está escrito.

Também lhe disseram que a vida é escuridão e, em seu cansaço, ecoa o que foi dito pelos exauridos.

E eu lhes digo que a vida é de fato escuridão exceto quando há vontade,

E todo desejo é cego exceto quando há conhecimento,

E todo conhecimento é vão exceto quando há trabalho,

E todo trabalho é vazio exceto quando há amor;

E quando trabalham com amor, aproximam-se de si mesmos, dos outros e de Deus.

E o que é trabalhar com amor?

É tecer uma roupa com fios tirados do coração, como se aqueles que amam fossem vestir essa roupa.

É construir uma casa com carinho, como se aqueles que amam fossem morar naquela casa.

É semear com ternura e fazer a colheita com alegria, como se aqueles que amam fossem comer desse fruto.

É preencher tudo o que criarem com um sopro de seu próprio espírito,

E saber que todos os abençoados que já se foram estão ao seu redor e os observam.

Muitas vezes já os ouvi dizer, como se falassem no sono: "Quem trabalha com mármore e na pedra encontra a forma da sua alma é mais nobre do que aquele que ara a terra. E aquele que captura o arco-íris para colocá-lo em um tecido à semelhança do homem é maior do que aquele que faz sapatos para os nossos pés".

Porém eu lhes digo, não durante o sono, e sim na vigília do meio-dia, que o vento não fala mais docemente aos carvalhos gigantes do que à menor de todas as folhas de grama;

E grande é quem faz da voz do vento uma canção mais doce porque ama.

O trabalho é o amor tornado visível.

E, se não conseguirem trabalhar com amor, e sim apenas com aversão, é melhor que deixem seu trabalho e se sentem diante da porta do templo e peçam esmolas aos que trabalham com alegria.

Pois se fizerem um pão com indiferença, o resultado será um pão amargo que só alimenta metade da fome do homem.

E, se esmagarem as uvas com ressentimento, seu rancor destilará veneno no vinho. E, mesmo que cantem como anjos, se não amarem a música que cantam, os homens não darão ouvidos às vozes do dia e às vozes da noite.

Alegria
e tristeza

Então uma mulher disse:
fale sobre Alegria e Tristeza.

E ele respondeu:

Sua alegria é sua tristeza desmascarada.

E o mesmo poço do qual seu riso surge muitas vezes esteve cheio de suas lágrimas.

E de que outra forma poderia ser?

Quanto mais profundamente essa tristeza penetra em seu ser, mais espaço você cria para a alegria.

Não é a taça que contém o seu vinho a mesma taça que foi queimada no forno da olaria?

E não é o alaúde que acalma o seu espírito feito da madeira que foi entalhada com facas?

Quando estiverem alegres, olhem profundamente em seu coração e descobrirão que apenas aquilo que lhes deu tristeza está lhes dando alegria.

Quando estiverem tristes, olhem novamente em seu coração e verão que na verdade estão chorando por aquilo que a felicidade lhes trazia.

Alguns de vocês dizem: "A alegria é maior do que a tristeza", e outros dizem: "Não, a tristeza é maior".

Porém, eu lhes digo que são inseparáveis.

Sempre vêm juntas, e enquanto uma se senta sozinha com vocês em sua mesa, lembrem-se de que a outra está dormindo em sua cama.

Na verdade, vocês vivem suspensos como uma balança entre sua tristeza e sua alegria.

Somente vazios podem encontrar o equilíbrio e o silêncio.

Quando o guardião do tesouro os levanta para pesar seu ouro e sua prata, as necessidades de sua alegria ou de sua tristeza devem aumentar ou diminuir.

Casas

Então um pedreiro apareceu e disse: fale sobre Casas.

E ele respondeu dizendo:

Construam com sua imaginação um caramanchão no deserto antes de erguer uma casa dentro das muralhas da cidade.

Pois da mesma forma que chegam em casa no crepúsculo, o mesmo acontece com o andarilho que existe em vocês, o viajante sempre distante e solitário.

Sua casa é seu corpo maior.

Cresce ao sol e dorme na quietude da noite; e nunca deixa de sonhar. Ora, sua casa não sonha? E, sonhando, não troca a cidade pelo bosque ou topo da colina?

Quem dera eu pudesse reunir a casa de vocês nas minhas mãos e, como um semeador, espalhar todas na floresta e no prado.

Quem dera os vales fossem as suas ruas e os caminhos verdes as suas vielas, e assim buscariam uns aos outros pelos vinhedos e voltariam com o perfume da terra nos seus trajes.

Mas tais coisas ainda não são possíveis.

Por medo, seus antepassados os fizeram viver muito próximos. E esse medo durará um pouco mais. Um pouco mais as muralhas da cidade separarão os lares dos campos.

E digam-me, moradores de Orphalese, o que vocês têm nessas casas? E o que é que guardam com portas fechadas?

Guardam a paz, o desejo silencioso que revela o seu poder?

Guardam lembranças, os arcos cintilantes que abrangem o ápice da mente?

Guardam a beleza, que conduz o coração das coisas feitas de madeira e pedra à montanha sagrada?

Digam-me, é isso que guardam em casa?

Ou guardam apenas conforto, e o desejo por conforto, aquela coisa furtiva que entra na casa como hóspede, e depois se torna hospedeiro e, por fim, mestre?

Sim, e se torna um domador e, com o gancho e o açoite, transforma em marionetes seus maiores desejos.

Embora suas mãos sejam de seda, seu coração é de ferro.

Ele os faz adormecer apenas para ficar ao lado da cama e debocha da dignidade da carne.

Zomba de seus sentidos sensatos e os descarta como vasos frágeis de porcelana.

Na verdade, a ânsia por conforto mata a paixão da alma e depois caminha sorrindo no funeral.

Mas vocês, filhos da imensidão, inquietos demais para repousar, não serão presos nem domesticados.

Sua casa não deve ser uma âncora, e sim um mastro.

Não deve ser uma película brilhante que cobre uma ferida, e sim uma pálpebra que protege o olho.

Não devem dobrar suas asas para que consigam passar por portas, nem dobrar sua cabeça para que não bata contra o teto, nem temer respirar para que não desmoronem as paredes.

Não devem habitar em túmulos que os mortos construíram para os vivos.

E, embora seja magnífica e esplendorosa, sua casa não deve manter seu segredo, nem abrigar seu desejo.

Pois o infinito que há em vocês habita a mansão dos céus, cuja porta é a névoa da manhã e cujas janelas são as canções e os silêncios da noite.

Roupas

E o tecelão disse: fale sobre Roupas.

E ele respondeu:

Suas roupas ocultam muito de sua beleza, mas não escondem o que não é bonito.

E, embora busquem no vestuário a liberdade da privacidade, podem encontrar nele a couraça e a corrente.

Quem dera pudessem encontrar o sol e o vento com mais de sua pele e menos de suas roupas,

Pois o sopro da vida está na luz do sol e o toque da vida está no vento.

Alguns de vocês dizem: "É o vento norte que tece as roupas que usamos".

E eu lhes digo que sim, foi o vento norte,

Porém a vergonha foi o seu tear e o amolecimento dos tendões foi o seu fio.

E quando seu trabalho acabou, ele riu na floresta. Não esqueçam que o pudor é um escudo contra o olhar impuro.

E quando não existir mais o olhar impuro, o que será o pudor senão um grilhão e uma contaminação da mente?

E não se esqueçam de que a terra adora sentir seus pés descalços e o vento fica ansioso por brincar com os seus cabelos.

Compra
e venda

E um comerciante disse: fale sobre Compra e Venda.

E ele disse:

Para você, a terra produz seus frutos, e nada lhes faltará se apenas souberem como encher as mãos.

É trocando as dádivas da terra que vocês encontrarão abundância e satisfação.

No entanto, se a troca não for com amor, justiça e generosidade, apenas levará alguns à ganância e outros à fome.

Quando vocês, trabalhadores dos mares, dos campos e dos vinhedos, encontrarem os tecelões, os oleiros e os mercantes de especiarias,

Invoquem então o espírito-mestre da terra, para entrar em seu meio e santificar balanças e calculadoras que comparam seus valores. E não permitam que aqueles que têm as mãos vazias tomem parte em suas transações, pois venderiam suas palavras por trabalho.

Para esses homens, vocês devem dizer,

"Venham conosco para o campo ou vão com nossos irmãos ao mar e lancem suas redes;

Pois a terra e o mar serão generosos com vocês, assim como foram conosco".

E se vierem os cantores, os dançarinos e os flautistas — comprem também os seus dons.

Pois eles também colhem frutos e fragrâncias, e o que trazem, embora seja feito de sonhos, é vestimenta e alimento para sua alma.

E antes de deixar o mercado, certifiquem-se de que ninguém saiu de mãos vazias.

Pois o espírito-mestre da terra não dormirá pacificamente até que as necessidades do mais humilde sejam satisfeitas.

Crime
e castigo

Então um dos juízes da cidade se adiantou e disse: fale sobre Crime e Castigo.

E ele respondeu, dizendo:

É quando seu espírito vagueia sem rumo com o vento,

Que vocês, sozinhos e desprotegidos, cometem maldades contra os outros e, portanto, a si mesmos.

E por essa maldade cometida devem bater e esperar sem ser atendidos no portão dos bem-aventurados.

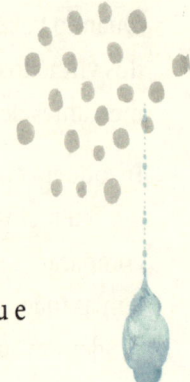

Seu eu divino é como o oceano;

Ele permanece para sempre imaculado.

E como o éter, levanta apenas os alados.

Seu eu divino é assim como o sol;

Não conhece os caminhos da toupeira nem busca os covis da serpente. Contudo, o seu eu divino não mora sozinho em seu ser.

Muito em vocês é homem, e muito em vocês ainda não é homem,

E sim um animal disforme que caminha adormecido na névoa em busca de seu próprio despertar.

E é do homem em vocês que queria falar agora.

Pois é ele, e não o seu eu divino nem o animal na névoa, que conhece o crime e seu castigo.

Muitas vezes os ouvi falar de alguém que cometeu uma maldade como se não fosse um de vocês, e sim um desconhecido em seu meio e um intruso em seu mundo.

Porém eu lhes digo que, assim como os santos e os justos não podem ultrapassar o que há de mais elevado em cada um de vocês,

Os malvados e os fracos não podem cair mais baixo do que o mais baixo que também está em vocês.

E, assim como uma única folha não fica amarela sem o conhecimento silencioso de toda a árvore, então, o malfeitor não pode fazer o mal sem a vontade oculta de todos vocês.

Como uma procissão, vocês caminham juntos em direção ao seu eu divino.

São tanto a viagem como os viajantes.

E quando um de vocês cai, cai também por aqueles que estão atrás, e pode dar um alerta sobre a pedra em que tropeçou.

Sim, e cai também por aqueles que estão à sua frente, que, embora mais rápidos e mais seguros ao andar, ainda não removeram a pedra em que tropeçaram.

Além disso, embora as palavras tenham um peso em seu coração:

Aquele que é assassinado não está livre de responsabilidade pelo próprio assassinato,

E aquele que é roubado não está isento de culpa por ser roubado.

O justo não é inocente das ações dos perversos,

E aqueles que têm as mãos limpas não estão imaculados das ações do criminoso.

Sim, o culpado é muitas vezes a vítima do ofendido,

E, ainda mais frequentemente, o condenado é o responsável pelo fardo dos inocentes e dos irrepreensíveis.

É impossível separar os justos dos injustos e os bons dos maus;

Pois eles andam juntos diante da face do sol, assim como os fios pretos e os fios brancos são tecidos juntos.

E quando o fio preto se romper, o tecelão deve examinar todo o tecido e o tear também.

Caso algum de vocês leve a julgamento a esposa infiel,

Que também pese o coração de seu marido na balança, e de sua alma tire as medidas.

E que aquele que açoita o ofensor olhe para o espírito do ofendido.

E, se algum de vocês quiser punir em nome da justiça e lançar o machado na árvore do mal, que examine suas raízes;

E, na verdade, encontrará as raízes do bom e do mau, do frutífero e do infrutífero, tudo entrelaçado no coração silencioso da terra.

E vocês, juízes que buscam ser justos,

Que julgamento atribuem àquele que, apesar de ser honesto na carne, é um ladrão em espírito?

Que penalidade impõem àquele que assassina na carne, mas é assassinado ele mesmo em espírito?

E como julgam aquele que é enganador e opressor em suas ações que,

No entanto, também foi ofendido e prejudicado?

E como punem aqueles cujo remorso já é maior do que seus erros?

Não é o remorso a justiça administrada por aquela mesma lei a que servem com tanto orgulho?

Todavia, não podem impor remorso ao inocente nem libertar o coração do culpado.

A noite chegará espontaneamente para que os homens possam acordar e encarar a si mesmos. E vocês, que buscam entender a justiça, como poderiam a menos que considerem todas as ações na plenitude da luz?

Só então saberão que o ereto e o caído são apenas o mesmo homem de pé no crepúsculo entre a noite de seu eu-animal e o dia de seu eu-deus e que a pedra angular do templo não é mais alta do que a mais baixa pedra de sua fundação.

Leis

Então um advogado disse:
E as nossas Leis, mestre?

E ele respondeu:

Vocês se deliciam em estabelecer leis,

Contudo vocês se deliciam ainda mais em quebrá-las.

Como crianças brincando à beira-mar que
constroem castelos de areia com cuidado e depois
os destroem, rindo.

Mas, enquanto constroem seus castelos de areia, o oceano
traz mais areia para a costa,

E quando os destroem, o oceano ri com vocês.

Na verdade, o oceano sempre ri com os inocentes.

Mas, e aqueles para quem a vida não é um oceano e as leis
feitas pelo homem não são castelos de areia,

Aqueles para quem a vida é uma rocha e a lei é o cinzel
com o qual esculpiriam a sua própria semelhança? E o
aleijado que odeia aqueles que dançam?

O que dizer do boi que ama seu jugo e considera os alces e
os veados inferiores, vira-latas da floresta?

O que dizer da velha serpente que não consegue
mais trocar a pele e chama todas as outras de
nuas e sem-vergonha?

E daquele que chega cedo para a festa de casamento
e, quando já está superalimentado e cansado,
segue seu caminho dizendo que todas as festas
são uma transgressão e todos os convidados
transgressores da lei?

O que devo dizer dessas pessoas, exceto que também estão sob o sol, mas de costas para a luz?

Apenas veem suas sombras, e suas sombras são suas leis.

E para elas o que é o sol senão uma fonte de sombras?

E o que é reconhecer as leis, senão se curvar e traçar suas sombras sobre a terra?

Mas, vocês, que andam de frente para o sol, que imagens desenhadas na terra poderão impedi-los?

Vocês, que viajam com o vento, que cata-vento deve direcionar seu curso?

Que lei do homem poderá prendê-los se quebrarem o jugo, mas não a porta da prisão de nenhum homem?

Que leis deverão temer se dançarem, mas nunca forem submetidos às correntes de ferro de ninguém?

E quem poderá levá-los a julgamento se rasgarem suas roupas, mas não as deixarem no caminho de ninguém?

Povo de Orphalese, vocês podem abafar o tambor e soltar as cordas da lira, mas quem impedirá a cotovia de cantar?

Liberdade

E um orador disse:
fale sobre Liberdade.

E ele respondeu:

No portão da cidade e ao lado da sua lareira, eu os vi prostrados adorando a própria liberdade,

Como escravos que se humilham diante de um tirano e o elogiam mesmo que ele os mate.

Sim, no bosque do templo e na sombra da cidadela,
vi os mais livres entre vocês usarem a liberdade
como jugo e algema.

E meu coração sangrou por dentro; pois só poderão ser livres quando até mesmo o desejo de buscar a liberdade se tornar uma prisão para vocês e quando deixarem de falar da liberdade como uma meta e uma realização.

Estarão realmente livres quando seus dias forem sem preocupações e suas noites sem desejo ou sofrimento,

Mas quando tais coisas os envolverem e ainda assim vocês as superarem, despidos e livres.

E como seguirão além de seus dias e noites, a menos que quebrem as correntes com que, na alvorada de seu conhecimento, amarraram-se no seu auge?

Na verdade, aquilo a que chamam de liberdade é a mais forte dessas correntes, embora os seus elos brilhem ao sol e deslumbrem os seus olhos.

E o que são senão fragmentos de si mesmos que descartariam para se tornar livres?

Se for uma lei injusta que desejam abolir, essa lei foi escrita com sua própria mão sobre sua própria testa.

Não podem apagá-la queimando seus livros de direito nem lavando a testa de seus juízes, apesar Zde derramarem o mar sobre eles.

E se for um déspota que desejam destronar, cuidem primeiro para que o trono erigido dentro de vocês seja destruído.

Pois como um tirano pode governar os livres e orgulhosos se não for por uma tirania na própria liberdade e uma vergonha no próprio orgulho?

E se for uma angústia que querem abandonar, essa angústia foi escolhida por vocês muito mais do que imposta a vocês.

E se for um medo que desejem dissipar, a origem desse medo está em seu coração e não nas mãos daquilo que temem.

Na verdade, todas as coisas se movem dentro de seu ser em um constante meio abraço, o desejado e o temido, o repugnante e o acalentado, o perseguido e aquilo do qual desejam escapar.

Essas coisas se movem dentro de vocês em pares que se agarram como luzes e sombras.

E, quando a sombra se desvanece e já não existe mais, a luz que permanece se torna uma sombra para outra luz.

E assim é a sua liberdade, que quando perde os grilhões, torna-se ela própria o grilhão de uma liberdade maior.

Razão
e paixão

E a sacerdotisa disse novamente: fale sobre Razão e Paixão.

E ele respondeu, dizendo:

Muitas vezes, sua alma é um campo de batalha, no qual sua razão e seu julgamento travam uma guerra contra sua paixão e seu desejo.

Quem dera eu pudesse ser o pacificador de sua alma, para que pudesse transformar a discórdia e a rivalidade de seus atributos em unicidade e melodia.

Mas, como poderia, a menos que vocês mesmos sejam também os pacificadores, ou melhor, os amantes de todos os seus atributos?

Sua razão e sua paixão são o leme e as velas de sua alma navegante.

Se as velas ou o leme estiverem quebrados, só poderão ficar à deriva ou parados no meio do mar. Pois a razão, quando reina sozinha, é uma força que confina; e a paixão, desamparada, é uma chama que arde até a própria destruição.

Portanto deixem sua alma exaltar sua razão à altura da paixão, para que possa cantar;

E deixem que dirija sua paixão com razão, para que sua paixão possa viver por meio de sua ressurreição diária e, como a fênix, renasça das cinzas.

Peço que considerem seu julgamento e seu desejo como fariam com dois hóspedes queridos em sua casa.

Certamente não honrariam apenas um deles; pois aquele que está mais atento a um perde o amor e a fé de ambos.

Nas colinas, quando se sentarem à sombra fresca dos álamos brancos, compartilhando a paz e a serenidade de campos e prados distantes, deixem seu coração dizer em silêncio: "Deus repousa na razão".

E quando a tempestade vier, e o vento forte sacudir a floresta, e os trovões e relâmpagos proclamarem a majestade do céu, então deixem seu coração dizer em reverência: "Deus se move em paixão".

E já que são um sopro no ambiente de Deus e uma folha na floresta de Deus, vocês também devem descansar na razão e se mover com paixão.

Dor

E uma mulher pediu:
fale sobre Dor.

E ele disse:

Sua dor é o rompimento da casca que aprisiona seu conhecimento.

Assim como a semente da fruta deve se quebrar para que seu cerne fique ao sol, vocês devem conhecer a dor.

E se pudessem manter o coração maravilhado com os milagres diários da vida, sua dor não pareceria menos maravilhosa do que sua alegria;

E aceitariam as estações do coração, assim como sempre aceitaram as estações que passam por seus campos.

E cuidariam com serenidade dos invernos de seu pesar.

Grande parte da dor que sentem vem de sua própria escolha.

É a poção amarga pela qual o médico dentro de vocês cura o seu estado de enfermo.

Portanto, confie no médico e beba seu remédio em silêncio e tranquilidade. Pois sua mão, embora pesada e dura, é guiada pela mão terna do Invisível, e a taça que ele oferece, embora queime seus lábios, foi feita da argila que o oleiro umedeceu com suas lágrimas sagradas.

Autoconhecimento

E um homem disse: fale sobre Autoconhecimento.

E ele respondeu, dizendo:

Seu coração conhece, em silêncio, os segredos dos dias e das noites.

Mas seus ouvidos estão sedentos pelo som do conhecimento do seu coração.

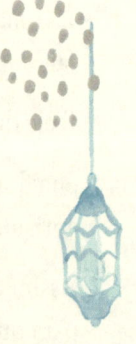

Assim saberiam em palavras o que sempre souberam em pensamento.

Assim tocariam com os dedos o corpo nu dos seus sonhos.

E é bom que seja assim.

A nascente oculta de sua alma deve brotar e correr murmurante para o mar;

E desse jeito o tesouro de suas profundezas infinitas seria revelado a seus olhos.

Mas que não tentem usar uma balança para pesar seu tesouro desconhecido;

E não tentem explorar as profundezas de seu conhecimento com um bastão ou uma sonda.

Pois o eu é um mar sem limites e sem medida.

Não digam: "Encontrei a verdade", e sim, "encontrei uma das verdades".

Não digam: "Encontrei o caminho da alma". Em vez disso, digam: "Encontrei a alma andando em meu caminho".

Pois a alma percorre todos os caminhos.

A alma não anda sobre uma linha, nem cresce como uma cana.

A alma se desdobra, como um lótus de incontáveis pétalas.

Ensino

Então disse um professor: fale sobre Ensino.

E ele disse:

Ninguém pode revelar nada a vocês senão aquilo que já está meio adormecido na alvorada de seu conhecimento.

O mestre, que caminha entre seus discípulos à sombra do templo, não oferece sua sabedoria, e sim, sem dúvida, sua fé e afeição.

Porém, se é realmente sábio, não os convida a entrar na casa de sua sabedoria, e sim os conduz ao limiar da própria mente.

O astrônomo pode lhes falar sobre sua compreensão do espaço, mas não pode lhes oferecer sua compreensão.

O músico pode cantar o ritmo que está em todo o espaço, mas ele não pode lhes oferecer o ouvido que captura o ritmo nem a voz que dele ecoa. E aquele que é versado na ciência dos números pode lhes falar do reino dos pesos e das medidas, mas não pode conduzi-los até lá.

Pois a visão de um homem não empresta suas asas a outro.

E assim como cada um de vocês é único no conhecimento de Deus, cada um de vocês deve estar sozinho em seu conhecimento de Deus e em sua compreensão da terra.

Amizade

E um jovem disse: fale sobre Amizade.

E ele respondeu, dizendo:

Seu amigo é a resposta de suas necessidades.

É o campo que vocês semeiam com amor e do qual colhem com gratidão.

E é sua mesa e sua lareira.

Pois vêm a ele com fome, e buscam nele a paz.

Quando seu amigo falar o que pensa, não temam o "não" em sua própria mente, nem neguem o "sim".

E quando ele se cala, que o seu coração não cesse de ouvir o coração dele;

Uma vez que sem palavras, na amizade, todos os pensamentos, todos os desejos, todas as expectativas nascem e são compartilhadas com uma alegria que não é reivindicada.

Quando vocês se afastarem de seu amigo, não sofram;

Pois aquilo que mais amam nele pode ficar mais claro em sua ausência, como a montanha fica mais clara para o alpinista quando vista da planície. E que não haja outro propósito na amizade exceto o aprofundamento do espírito.

Já que o amor que busca algo além da revelação de seu próprio mistério não é amor, e sim uma rede lançada: e apenas é apanhado o que não vale nada.

E deixem que o seu amigo receba o melhor de vocês.

Se ele conhece a vazante de sua maré, que
conheça também a enchente.

Pois como seria se vocês apenas o procurassem
para matar o tempo?

Sempre o procurem com tempo para viver.

Já que é ele quem vai preencher as suas necessidades, mas não o seu vazio.

E que haja, na doçura da amizade, risos
e prazeres partilhados.

Pois é no orvalho das pequenas coisas que o coração encontra a sua manhã e sai refrescado.

Diálogo

E então um estudioso disse: discorra sobre a Fala.

E ele respondeu, dizendo:

Vocês falam quando deixam de estar em
paz com seus pensamentos;

E quando não podem mais viver na solidão de seu
coração, vocês vivem em seus lábios, e o som é uma
diversão, um passatempo.

E em grande parte da sua conversa, acabam
por matar o pensamento.

Pois o pensamento é um pássaro na imensidão, que,
preso em uma gaiola de palavras, pode realmente abrir as
asas, mas não voar.

Existem aqueles entre vocês que buscam o falante por
medo de ficar sozinhos.

O silêncio da solidão revelaria a seus olhos toda a sua
nudez e eles a evitariam.

E há os que falam e, sem conhecimento ou
premeditação, revelam uma verdade que eles
próprios não compreendem.

E há aqueles que têm a verdade dentro de si, mas não
a falam em palavras.

No seio dessas pessoas, o espírito habita
em silêncio rítmico.

Quando você encontrar seu amigo na beira da estrada ou
no mercado, deixe o espírito que há em você mover seus
lábios e dirigir sua língua.

Deixe a voz dentro da sua voz falar ao ouvido dele;

Pois sua alma guardará a verdade do seu coração assim como o sabor do vinho é lembrado quando a cor é esquecida e a garrafa não existe mais.

Tempo

E um astrônomo disse:
mestre, e em relação a Tempo?

E ele respondeu:

Se pudessem medir o tempo, mediriam o que é incontável e incomensurável.

Ajustariam sua conduta e até mesmo dirigiriam o curso de seu espírito de acordo com as horas e estações.

Com o tempo, vocês fariam um riacho em cuja margem se sentariam e observariam seu fluxo.

No entanto, o atemporal em vocês está ciente da atemporalidade da vida,

E sabe que ontem é apenas a memória de hoje e o amanhã é o sonho de hoje.

E aquilo que em vocês canta e contempla ainda está habitando dentro dos limites daquele primeiro momento que espalhou as estrelas no espaço. Quem entre vocês não acha que seu poder de amar é ilimitado?

E, no entanto, quem não sente esse mesmo amor, embora sem limites, encerrado no centro de seu ser, e não passando de um pensamento de amor para outro, nem de atos de amor para outros atos de amor?

E não é o tempo, assim como o amor, indiviso e sem ritmo?

Porém, se em seu pensamento vocês devem medir o tempo em estações, deixem cada estação envolver todas as outras estações,

E que hoje abracemos o passado com a lembrança e o futuro, com anseio.

O bem
e o mal

E um dos anciãos da cidade disse: fale sobre Bem e Mal.

E ele respondeu:

Posso falar do bem que há em vocês, mas não do mal.

Pois o que é o mal senão o bem torturado por sua própria fome e sede?

Na verdade, quando está com fome, o bem busca alimento mesmo em cavernas escuras e, quando tem sede, o bem bebe até de águas paradas.

Vocês são bons quando estão felizes e tranquilos, em harmonia.

No entanto, quando não estão em harmonia, não são maus.

Pois uma casa dividida não é um covil de ladrões; é apenas uma casa dividida.

E um navio sem leme pode vagar sem rumo entre ilhas perigosas, mas não afundar. Vocês são bons quando se esforçam e doam de si mesmos.

Contudo, não são maus quando buscam benefícios para si mesmos.

Pois quando se esforçam para ganhar, são apenas uma raiz que se agarra à terra e suga seu peito.

Certamente o fruto não pode dizer à raiz: "Seja como eu, maduro e pleno, sempre doando da sua abundância".

Pois para o fruto, doar é uma necessidade, assim como receber é uma necessidade para a raiz.

Vocês são bons quando estão totalmente despertos em seus discursos,

No entanto, não são maus quando dormem enquanto sua língua cambaleia sem propósito.

E até mesmo um discurso trôpego pode fortalecer uma língua fraca.

São bons quando caminham para seu objetivo com firmeza e passos ousados.

Porém, não são maus quando seguem para lá mancando. Mesmo os que mancam não retrocedem.

Mas, vocês que são fortes e ágeis, não manquem diante do coxo, como se fosse um ato de bondade.

Vocês são bons de inúmeras maneiras e não são maus quando não são bons,

São apenas indolentes, preguiçosos.

É lamentável que as gazelas não possam ensinar rapidez às tartarugas.

No desejo por seu eu gigante está a sua bondade: e esse desejo está em todos vocês.

Mas, para alguns de vocês, esse anseio é uma torrente que se precipita com força para o mar, levando os segredos das encostas e as canções da floresta.

E em outros é um riacho lento que se perde em ângulos e curvas e se prolonga antes de chegar à costa.

Mas, não permitam que aquele que deseja muito diga àquele que deseja pouco: "Por que está lento e hesitante?".

Pois os verdadeiros bons não perguntam a quem anda nu: "Onde está a sua vestimenta?" nem ao desabrigado, "o que aconteceu à sua casa?".

Oração

Então uma sacerdotisa disse:
fale de Oração.

E ele respondeu:

Vocês oram em sua angústia e em sua necessidade; gostaria que também pudessem orar na plenitude da sua alegria e em seus dias de abundância.

Pois o que é a oração senão a expansão de vocês mesmos no éter vivo?

E se os conforta derramar sua escuridão no espaço, também podem se encantar derramando o alvorecer de seu coração.

E se não podem deixar de chorar quando sua alma os convoca para a oração, ela deve estimulá-los novamente, embora chorando, até que vocês comecem a rir.

Quando vocês oram, vocês se elevam para encontrar no ar aqueles que estão orando naquela mesma hora e que vocês não conseguem encontrar, a não ser na oração.

Portanto, deixem que sua visita àquele templo invisível seja reservada ao êxtase e à doce comunhão.

Uma vez que, se entrarem no templo com o único propósito de pedir, vocês nada receberão;

E se entrarem nele para se humilhar, não se elevarão;

Ou mesmo se entrarem nele para implorar pelo bem dos outros, não serão ouvidos.

Basta que entrem no templo invisíveis.

Não posso ensiná-los a orar com palavras.

Deus não ouve suas palavras, a não ser quando Ele mesmo as profere por meio de seus lábios.

E não posso ensiná-los a oração dos mares, das florestas e das montanhas. Mas vocês que nasceram das montanhas, das florestas e dos mares podem encontrar a oração deles em seu coração,

E se apenas ouvirem na quietude da noite, podem ouvi-la dizendo em silêncio:

"Deus nosso, que és o nosso eu-alado, é a tua vontade que em nós impera.

É o teu desejo que em nós deseja.

É o teu desejo que em nós transforma nossas noites, que são tuas, em dias que também são teus.

Não podemos te pedir nada, pois tu conheces as nossas necessidades antes que nasçam em nós:

Tu és nossa necessidade; e, ao nos dar mais de ti, nos dás tudo o que há".

Prazer

Então, um eremita, que visitava a cidade uma vez por ano, aproximou-se e disse: fale sobre Prazer.

E ele respondeu, dizendo:

O prazer é uma canção de liberdade,

Mas não é liberdade.

É o desabrochar de seus desejos,

Mas não é seu fruto.

É uma profundidade que chama às alturas,

Mas não é o profundo nem o alto.

É o pássaro enjaulado voando,

Mas não é o espaço à volta.

Sim, na verdade, o prazer é uma canção de liberdade.

E gostaria que cantassem com a plenitude de seu coração; contudo, não quero que percam o coração cantando.

Alguns de seus jovens buscam o prazer como se fosse tudo, e são julgados e repreendidos. Eu não os julgaria nem os repreenderia. Deixaria que continuassem procurando.

Pois de fato encontrarão prazer, porém não apenas ele;

Sete são suas irmãs, e a menor delas é mais bonita do que o prazer.

Não ouviram falar do homem que cavou na terra em busca de raízes e encontrou um tesouro?

E alguns de seus mais velhos relembram de seus prazeres com pesar, como os erros cometidos em um momento de embriaguez.

O arrependimento, porém, é o obscurecimento da mente e não o seu castigo.

Deveriam se lembrar de seus prazeres com gratidão, como fariam na colheita de verão.

No entanto, se o arrependimento os conforta,
que sejam consolados.

E há entre vocês aqueles que não são nem jovens para
procurar nem velhos para relembrar;

E, com medo de buscar e relembrar, evitam
todos os prazeres, para não negligenciar ou
ofender o espírito.

Mas mesmo nessa atitude está seu prazer.

E assim eles também encontram um tesouro, embora
cavem em busca de raízes com as mãos trêmulas.

Mas, me digam, quem é que pode ofender o espírito?

O rouxinol seria capaz de ofender a quietude da noite ou o
vaga-lume, as estrelas?

E sua chama ou fumaça poderia oprimir o vento?

Acham que o espírito é um lago tranquilo que podem
perturbar com um cajado?

Muitas vezes, ao negar a si mesmos o prazer, apenas
acumulam os desejos nas suas reentrâncias.

E quem pode garantir que aquilo que pareceu ser omitido
hoje não espera pelo amanhã?

Até mesmo seu corpo conhece sua herança e sua legítima
necessidade e não será enganado.

E seu corpo é a harpa de sua alma,

E cabe a vocês fazê-lo tocar uma música suave ou uma confusão de sons.

E agora perguntem em seu coração: "Como podemos distinguir o que é bom no prazer do que não é bom?".

Vão para seus campos e seus jardins, e vocês aprenderão que é o prazer da abelha colher o mel da flor,

Mas também é o prazer da flor ceder seu mel à abelha.

Para a abelha, uma flor é uma fonte de vida,

E, para a flor, uma abelha é uma mensageira de amor,

E, para ambas, abelha e flor, dar e receber prazer é uma necessidade e um êxtase.

Povo de Orphalese, sejam em seus prazeres como as flores e as abelhas.

Beleza

E um poeta disse: fale sobre Beleza.

E ele respondeu:

Onde deverão buscar a beleza, e como a encontrarão, a não ser que ela mesma seja o seu caminho e seu guia?

E como deverão falar dela, a não ser que ela mesma
seja a tecelã de sua fala?

Os ofendidos e os feridos dizem: "A beleza
é gentil e amável.

Como uma jovem mãe meio envergonhada com sua
própria glória, ela caminha entre nós".

E os apaixonados dizem: "Não, a beleza é algo
poderoso e temível.

Como a tempestade, ela sacode a terra sob nossos
pés e o céu sobre nossa cabeça".

Os cansados e os exaustos dizem: "A beleza vem de
sussurros suaves. Ela fala em nosso espírito. Sua
voz cede aos nossos silêncios como uma luz tênue
que estremece de medo da sombra".

Mas os inquietos dizem: "Nós a ouvimos
gritar entre as montanhas,

E seus gritos entoavam o som de cascos, o bater de
asas e o rugido de leões".

À noite, os vigias da cidade dizem: "A beleza se levantará
com o amanhecer e virá do Leste".

E, ao meio-dia, os trabalhadores e os viajantes
dizem: "Nós a vimos inclinada sobre a terra, das
janelas do pôr do sol".

No inverno, os que estão isolados na neve dizem: "Ela virá com a primavera saltitando sobre as colinas".

E no calor do verão os ceifeiros dizem: "Nós a vimos dançando com as folhas de outono e vimos um monte de neve em seus cabelos". Todas essas coisas já disseram sobre a beleza,

No entanto, na verdade não falavam dela, e sim de necessidades frustradas,

E a beleza não é uma necessidade, é um êxtase.

Não é uma boca com sede nem uma mão vazia estendida,

E sim um coração inflamado e uma alma encantada.

Não é a imagem que buscam ver nem a música que buscam escutar,

E sim uma imagem que veem mesmo quando fecham os olhos e uma música que escutam mesmo quando tampam os ouvidos.

Não é a seiva dentro da casca sulcada, nem uma asa presa a uma garra,

É um jardim que floresce para sempre e um voo eterno de anjos.

Povo de Orphalese, a beleza é a vida quando a vida revela seu rosto sagrado.

Mas vocês são vida e são véu. A beleza é a eternidade se olhando no espelho.

Mas vocês são a eternidade e são o espelho.

Religião

E um velho sacerdote disse: fale sobre Religião.

E ele disse:

E falei hoje sobre outra coisa?

A religião não é todo o ato e toda a reflexão,

E aquilo também que não é ação nem reflexão, e sim uma maravilha e uma surpresa sempre brotando na alma, mesmo enquanto as mãos cortam a pedra ou trabalham no tear?

Quem pode separar sua fé de suas ações ou sua crença de suas funções?

Quem pode colocar suas horas diante de si, dizendo: "Estas são para Deus e estas são para mim; estas são para a minha alma e estas outras são para o meu corpo?".

Todas as suas horas são asas que batem de um ser para outro na imensidão. Aqueles que ostentam sua moralidade como sua melhor vestimenta estariam melhor se estivessem nus.

O vento e o sol não causarão feridas em sua pele.

E aqueles que definem sua conduta pela ética aprisionam seu pássaro cantor em uma gaiola.

A música mais livre não ecoa por meio de barras e grades.

E aqueles para quem a adoração é uma janela que abre e fecha ainda não visitaram a casa de sua alma, cujas janelas estão abertas de madrugada a madrugada.

Sua vida diária é seu templo e sua religião.

Sempre que a viverem, levem com vocês tudo o que são.

Peguem o arado, a forja, o martelo e o alaúde,

As coisas que moldaram por necessidade ou por prazer.

Pois em devaneio não podem superar suas realizações, nem sucumbir a seus fracassos.

E levem com vocês todos os homens, já que em adoração não podem voar mais alto do que suas esperanças, nem se humilhar mais baixo do que seu desespero.

E se quiserem conhecer Deus, não há necessidade de solucionar enigmas.

Em vez disso, olhem ao seu redor e verão Deus brincando com seus filhos.

E olhem para a imensidão; verão Deus caminhando na nuvem, estendendo os braços sob o relâmpago e descendo na chuva.

Verão Deus sorrindo nas flores, e então se levantando e acenando entre as árvores.

Morte

Então Almitra se expressou, dizendo: queríamos saber sobre Morte.

E ele disse:

Querem conhecer o segredo da morte,

Mas como encontrarão, a menos que o procurem no coração da vida?

A coruja, cujos olhos noturnos são cegos para o dia, não pode desvendar o mistério da luz.

Se realmente desejam contemplar o espírito da morte, abram bem o coração para o corpo da vida.

Pois a vida e a morte são uma só, assim como o rio e o mar são um.

Na profundidade das esperanças e dos desejos está seu conhecimento silencioso do que há além;

E assim como as sementes sonham sob a neve, seu coração sonha com a primavera.

Acreditem nos sonhos, uma vez que neles está oculta a porta para a eternidade. Seu medo da morte é apenas o tremor do pastor quando se apresenta ao rei e espera que seu valor seja reconhecido.

Apesar de seu tremor, o pastor não está alegre por ser honrado pelo rei?

E, mesmo assim, não está mais atento ao seu tremor?

Pois o que é morrer senão estar nu ao vento e se fundir ao sol?

E o que é parar de respirar senão libertar a respiração de suas marés inquietas, para que possa se elevar, expandir-se e buscar Deus sem obstáculos?

Somente quando beberem do rio do silêncio poderão realmente cantar.

E quando alcançarem o topo da montanha, então começarão a escalar.

E quando a terra reivindicar seus membros, então deverão realmente dançar. E então anoiteceu.

E Almitra, a vidente, disse: abençoado seja este dia, este lugar e seu espírito que nos falou.

E ele respondeu: fui eu quem falou? Eu também não era um ouvinte?

Então ele desceu os degraus do Templo e todas as pessoas o seguiram. E ele chegou a seu navio e subiu no convés.

E se voltando para o povo novamente, ergueu a voz e disse:

Povo de Orphalese, o vento manda que eu os deixe aqui.

Não sou tão apressado quanto o vento, mas devo ir.

Nós, viajantes, que sempre buscamos o caminho mais solitário, não começamos nenhum dia no lugar em que terminamos o anterior; e nenhum nascer do sol nos encontra onde o pôr do sol nos deixou. Mesmo enquanto a terra dorme, nós prosseguimos viagem.

Somos as sementes da planta tenaz e, quando nosso coração atinge a maturidade e a plenitude, somos entregues ao vento e espalhados por toda parte.

Breves foram meus dias entre vocês, e ainda mais breves as palavras que proferi.

Mas se minha voz desvanecer em seus ouvidos e meu amor desaparecer de suas memórias, então voltarei,

E falarei com um coração mais rico e lábios mais submissos ao espírito.

Sim, devo voltar com a maré,

E, embora a morte possa me esconder e o silêncio maior me envolver, mais uma vez procurarei sua compreensão.

E não procurarei em vão.

Se tudo o que eu disse é verdade, essa verdade se revelará em uma voz mais clara e em palavras mais próximas aos seus pensamentos.

Eu vou com o vento, povo de Orphalese, mas não rumo ao vazio; e se este dia não for a satisfação de seus anseios e de meu amor, então que seja a promessa de um novo dia.

Os anseios do homem mudam, porém não seu amor, nem seu desejo de que seu amor satisfaça suas necessidades.

Saibam, portanto, que do silêncio maior eu voltarei.

A névoa que vai embora ao amanhecer, deixando apenas orvalho nos campos, se levantará e se reunirá em uma nuvem e então cairá em chuva.

E eu não fui tão diferente da névoa.

No silêncio da noite, andei por suas ruas e meu espírito entrou em sua casa,

E seus batimentos cardíacos estavam em meu coração, sua respiração estava em meu rosto e eu conheci todos vocês.

Sim, conheci sua alegria e sua dor e, enquanto dormiam, seus sonhos eram meus sonhos.

E muitas vezes estava entre vocês como um
lago entre as montanhas.

Eu espelhava os cumes e as encostas sinuosas em vocês, e
até mesmo a enorme quantidade de seus pensamentos e
de seus desejos que passavam.

E ao encontro do meu silêncio vieram o riso de seus filhos
nos riachos e o anseio de seus jovens nos rios.

E quando alcançaram meu íntimo, os riachos e os rios
ainda não cessaram de cantar.

Mas ainda mais doce do que o riso e maior do que a
vontade foi algo que veio a mim.

Era o infinito que existe em vocês;

O homem grandioso de quem são as células e os tendões;

Aquele que em cujo canto todo o seu cantar é apenas
uma pulsação silenciosa.

É no homem grandioso que são grandiosos,

E ao contemplá-lo que vi e amei vocês.

Pois que distâncias o amor pode alcançar que não estejam
nessa grandiosa esfera?

Que visões, que expectativas e que presunções podem
superar esse voo?

Como um carvalho gigante coberto de flores de
macieira é o homem grandioso em vocês. Sua força

os liga à terra, sua fragrância os eleva ao espaço e em sua constância são imortais.

Já tomaram conhecimento de que, assim como uma corrente, são tão fracos quanto o seu elo mais fraco.

Esta é apenas parte da verdade. Vocês também são tão fortes quanto seu elo mais forte.

Medi-los por seus menores atos é como considerar o poder do oceano pela fragilidade de sua espuma.

Julgá-los por seus fracassos é lançar a culpa sobre as estações por sua inconstância.

Sim, vocês são como um oceano,

E, embora os navios encalhados em suas costas aguardem a maré, vocês, assim como um oceano, não podem acelerar suas marés.

E também são como as estações do ano,

E, embora em seu inverno neguem a sua primavera,

Ainda assim, a primavera, repousando dentro de vocês, sorri sonolenta e não se ofende. Não pensem que digo essas coisas para que possam dizer uns aos outros: "Ele nos elogiou muito. Viu apenas o que há de bom em nós".

Apenas expresso em palavras aquilo que vocês mesmos conhecem em pensamento.

E o que é o conhecimento das palavras senão uma sombra do conhecimento sem palavras?

Seus pensamentos e minhas palavras são ondas de uma memória selada que mantém registros de nossos dias passados,

E dos tempos antigos, quando a terra não nos conhecia nem conhecia a si mesma,

E das noites em que a terra se tornava revolta e cheia de confusão.

Os sábios vieram até vocês para lhes dar sua sabedoria. Eu vim para tirar de sua sabedoria:

E eis que encontrei algo que é maior do que a sabedoria.

É a chama do espírito que existe em vocês e em si mesma cresce cada vez mais,

Enquanto vocês, sem prestar atenção a sua expansão, lamentam o esmorecimento de seus dias. É a vida em busca da vida em corpos que temem o túmulo.

Aqui não há túmulos.

Essas montanhas e planícies são um berço e um trampolim.

Sempre que passarem pelos campos onde enterraram seus ancestrais, olhem bem para eles e verão a si mesmos e a seus filhos dançando de mãos dadas.

Na verdade, muitas vezes vocês se alegram sem saber.

Outros apareceram com promessas de ouro, e vocês ofereceram sua fé, mas não riquezas, poder e glória.

Nem uma promessa eu fiz, e ainda assim vocês foram mais generosos comigo.

Ofereceram-me uma sede de vida mais profunda.

Certamente não há maior presente para um homem do que aquele que transforma todos os seus objetivos em lábios ressecados e toda a vida em uma fonte.

E nisso residem minha honra e minha recompensa,

Sempre que vou à fonte beber, encontro a própria água viva, com sede;

E ela me bebe enquanto a bebo.

Alguns de vocês me consideraram orgulhoso e tímido demais para receber presentes.

Sou muito orgulhoso para receber salários, mas não presentes.

E, embora tenha comido frutas silvestres entre as colinas quando vocês queriam que me sentasse à sua mesa

E tenha dormido no pórtico do templo quando gostariam de ter me abrigado,

No entanto, não teria sido exatamente sua atenção amorosa aos meus dias e minhas noites que adoçou minha comida e envolveu meu
sono com visões?

Por isso, acima de tudo, eu os abençoo:

Vocês oferecem muito e não sabem o que estão oferecendo. Certamente a bondade que se vê em um espelho se transforma em pedra,

E uma boa ação que elogia a si mesma se torna o pai de uma maldição.

E alguns de vocês me chamaram de indiferente, de bêbado com minha própria solidão,

E disseram: "Ele se reúne com as árvores da floresta, mas não com os homens.

Ele se senta sozinho no topo de uma colina e contempla nossa cidade".

É verdade que escalei montanhas e caminhei por lugares remotos.

Como poderia tê-los vistos a não ser de uma grande altura ou de uma grande distância?

Como alguém pode realmente estar perto a menos que esteja longe?

E outros entre vocês me chamaram, não com palavras, e disseram:

"Estranho, estranho, amante de alturas inalcançáveis, por que habitar entre os cumes onde as águias constroem seus ninhos? Por que buscar o inatingível?

Que tempestades aprisionaria em sua rede,

E que pássaros vaporosos caça no céu?

Venha e seja um de nós.

Desça e acalme sua fome com nosso pão e mate sua sede com nosso vinho".

Na solidão de sua alma, disseram tais coisas;

Mas, se sua solidão fosse mais profunda, saberiam que eu buscava apenas o segredo de sua alegria e de sua dor,

E eu apenas caçava seu eu maior que anda no céu.

Porém o caçador também era o caçado;

Muitas das minhas flechas deixaram meu arco apenas para buscar meu próprio peito.

E aquele que voava também era o que rastejava;

Pois quando minhas asas se abriram ao sol, sua sombra sobre a terra era uma tartaruga.

E eu, que acreditava, também duvidava; porque muitas vezes coloquei o dedo em minha própria ferida para poder ter mais fé em vocês e conhecê-los ainda mais.

E é com essa crença e esse conhecimento que digo,

Vocês não estão encerrados em seu corpo, nem confinados em sua casa ou nos campos.

Aquilo que vocês são mora acima da montanha e vagueia com o vento.

Não rasteja ao sol para se aquecer nem cava buracos na escuridão por segurança,

É uma coisa livre, um espírito que envolve a terra e se move no éter.

Se forem palavras vagas, não procure esclarecê-las.

Vago e nebuloso é o começo de todas as coisas, mas não o fim,

E gostaria que se lembrassem de mim como um começo.

A vida, e tudo o que vive, é concebida na névoa e não no cristal. E se um cristal for a névoa em decomposição?

Gostaria que se lembrassem disso quando se lembrarem de mim:

O que parece ser mais fraco e confuso é na verdade o mais forte e mais determinado.

Não foi a sua respiração que ergueu e endureceu a estrutura dos seus ossos?

E não é um sonho que nenhum de vocês se lembra de ter sonhado que construiu sua cidade e modelou tudo o que há nela?

Se pudessem ver as marés dessa respiração, deixariam de ver tudo o mais,

E se pudessem ouvir o sussurro do sonho, não ouviriam nenhum outro som.

Mas não veem, nem ouvem, e é melhor assim.

O véu que obscurece seus olhos deverá ser levantado pelas mãos que o teceram,

E a argila que preenche seus ouvidos deverá ser perfurada por aqueles dedos que a moldaram. E vocês deverão ver.

E vocês deverão ouvir.

No entanto, não deverão lamentar ter conhecido a cegueira, nem deverão se arrepender de ter sido surdos.

Pois nesse dia conhecerão os propósitos ocultos em todas as coisas

E abençoarão as trevas como abençoarão a luz.

Depois de dizer essas coisas, olhou à sua volta e viu o capitão de seu navio parado junto ao leme, olhando ora para as velas cheias, ora para longe.

E ele disse:

Paciente, mais paciente, é o capitão do meu navio.

O vento sopra e as velas estão inquietas;

Até o leme implora direção;

Contudo, silenciosamente meu capitão
espera meu silêncio.

E estes meus marinheiros, que ouviram o coro do
grande mar, também me ouviram com paciência.
Agora eles não devem esperar mais.

Estou pronto.

O riacho chegou ao mar, e mais uma vez a grande mãe
segura o filho contra o peito.

Adeus, povo de Orphalese.

Este dia acabou.

Está se fechando sobre nós assim como o nenúfar
se fecha sobre o seu próprio amanhã.

O que nos foi dado aqui devemos manter,

E se não for suficiente, então, novamente,
devemos nos reunir e, juntos, estender as mãos a
quem tudo nos deu.

Não se esqueçam de que eu voltarei.

Um pouco mais, e meu desejo acumulará poeira e
espuma para outro corpo.

Um pouco mais, um momento de descanso sobre o
vento, e outra mulher me carregará em seu ventre.

Adeus a vocês e à juventude que passei com vocês.

Ainda ontem nos conhecemos em um sonho. Vocês cantaram para mim na minha solidão e, com seus anseios, construí uma torre no céu.

Mas agora nosso sono se foi e nosso sonho acabou, e não é mais o amanhecer.

O meio-dia chegou, e nosso breve despertar se tornou dia pleno, e devemos nos separar.

Se no crepúsculo da memória nos encontrarmos mais uma vez, falaremos novamente juntos e vocês cantarão uma canção mais profunda.

E se nossas mãos se encontrarem em outro sonho, devemos construir outra torre no céu.

Ao dizer isso, fez um sinal aos marinheiros e, imediatamente, eles levantaram âncora, soltaram as amarras e partiram para o leste.

E um grito veio do povo como se saísse de um único coração, subiu ao anoitecer e chegou ao mar como uma grande proclamação. Apenas Almitra ficou em silêncio, olhando para o navio até que desaparecesse na névoa.

E quando todas as pessoas se dispersaram, ela ainda estava sozinha no quebra-mar, lembrando em seu coração suas palavras:

"Um pouco mais, um momento de descanso sobre o vento, e outra mulher me carregará em seu ventre".

UMA LÁGRIMA E UM SORRISO

A criação

Deus separou um espírito de Si mesmo e o transformou em Beleza. E derramou sobre ela todas as bênçãos da graça e da bondade. Ofereceu-lhe o copo da felicidade e disse: "Não beba deste copo, a menos que se esqueça do passado e do futuro, pois a felicidade nada mais é do que o momento". Ofereceu-lhe, também, um copo de tristeza e disse: "Beba deste copo e você entenderá o significado dos instantes fugazes da alegria da vida, pois a tristeza sempre abunda".

E Deus lhe concedeu um amor que a abandonaria para sempre após o primeiro suspiro de satisfação terrena e uma doçura que desapareceria com a primeira percepção de lisonja.

E Ele a presenteou com a sabedoria do céu para conduzir ao caminho da justiça, colocou-a no fundo de seu coração e de seus olhos que enxergam o invisível e criou nela afeição e bondade para com todas as coisas. Ele a vestiu com vestimentas de esperanças tecidas do céu a partir dos arcos do arco-íris pelos anjos. E Ele a camuflou na sombra da confusão, que é o amanhecer da vida e da luz.

Então Deus juntou o fogo devorador da fornalha da ira, o vento abrasador do deserto da ignorância, as areias cortantes da margem do egoísmo e a terra áspera dos séculos e, combinando todos eles, formou o Homem. Ele deu ao Homem um poder cego que o enfurece e o leva à loucura, que só se extingue diante da satisfação do desejo, e colocou nele a vida, que é o espectro da morte.

E Deus ria e chorava. Sentia um amor e uma pena avassaladores pelo Homem, e o abrigou sob Sua orientação.

Dois
bebês

Um príncipe, da varanda de seu palácio, dirigia-se a uma grande multidão convocada para aquela ocasião dizendo: "Deixe-me oferecer a vocês e a todo esse país afortunado meus parabéns pelo nascimento de um novo príncipe que levará o nome de minha nobre família, e de quem vocês merecidamente se orgulharão. Ele é o novo portador de uma grande e ilustre linhagem, e dele depende o brilhante futuro deste reino. Cantem e sejam felizes!". A voz das multidões, cheia de alegria e gratidão, inundou o céu com canções

emocionantes, dando as boas-vindas ao novo
tirano que colocaria o jugo da opressão em seu
pescoço, governando os fracos com autoridade
amarga, explorando seu corpo e matando sua alma.
Por esse destino, o povo cantava e bebia em êxtase
para a alegria do novo Emir.

Outra criança nasceu, entrando na vida e naquele reino
ao mesmo tempo. Enquanto as multidões glorificavam os
fortes e se rebaixavam cantando louvores a um déspota em
potencial e os anjos do céu choravam pela fraqueza e servidão
do povo, uma mulher doente pensava. Ela morava em um
velho casebre abandonado e, deitada na cama dura ao lado de
seu bebê recém-nascido embrulhado em faixas esfarrapadas,
estava morrendo de fome. Era uma jovem esposa indigente
e miserável, negligenciada pela humanidade; o marido
havia caído na armadilha da morte armada pela opressão do
príncipe, deixando uma mulher solitária a quem Deus havia
enviado, naquela noite, uma minúscula companhia para
impedi-la de trabalhar e sustentá-lo.

À medida que a multidão se dispersava e o silêncio era
restaurado nas proximidades, a infeliz mulher colocou
o bebê no colo, olhou-o no rosto e chorou como se fosse
batizá-lo com lágrimas. E com a voz enfraquecida pela
fome, ela falou para a criança: "Por que você deixou
o mundo espiritual e veio compartilhar comigo as
amarguras da vida terrena? Por que você abandonou os
anjos e a imensidão do firmamento para vir para esta

terra miserável de humanos, cheia de agonia, opressão e falta de coração? Não tenho nada para lhe dar, exceto lágrimas; você será alimentado com lágrimas em vez de leite? Não tenho roupas de seda para vestir em você; meus braços nus e trêmulos lhe darão calor? Os animaizinhos pastam no campo e voltam em segurança para o galpão; os passarinhos colhem as sementes e dormem placidamente entre os galhos. Mas você, meu amado, nada tem a não ser uma mãe amorosa, porém miserável".

Em seguida, ela levou o bebê ao seio murcho e apertou os braços ao redor dele como se quisesse unir os dois corpos em um, como antes. Ela ergueu os olhos ardentes lentamente em direção ao céu e gritou: "Deus! Tenha misericórdia de meus infelizes compatriotas!".

Naquele momento, as nuvens flutuaram para fora da face da lua, cujos raios penetraram na travessa daquela pobre casa e caíram sobre dois cadáveres.

A casa
da fortuna

Meu coração cansado se despediu de mim e partiu para a Casa da Fortuna. Ao chegar à cidade sagrada, que a alma havia abençoado e adorado, ele começou a se questionar, pois não conseguia encontrar o que sempre imaginara que estaria lá. A cidade estava vazia de poder, dinheiro e autoridade.

E meu coração falou com a filha do Amor, dizendo: "Oh, Amor, onde posso encontrar Contentamento? Ouvi dizer que ele veio aqui para se juntar a você".

E a filha do Amor respondeu: "O Contentamento já foi pregar seu evangelho na cidade, onde a ganância e a corrupção são fundamentais; não precisamos dele".

A Fortuna não anseia por Contentamento, já que é uma esperança terrena e seus desejos são abraçados pela união com objetos, enquanto o Contentamento não é nada mais do que sentido.

A alma eterna nunca está satisfeita; sempre busca a exaltação. Então meu coração olhou para a Vida da Beleza e disse: "Tu és todo o conhecimento; esclareça-me quanto ao mistério da Mulher". E ela respondeu: "Ó, coração humano, a mulher é o seu próprio reflexo, e tudo o que você é, ela é; onde quer que você more, ela mora; ela é como a religião, se não for interpretada pelos ignorantes, como a lua, se não for velada por nuvens, e como a brisa, se não for envenenada por impurezas".

E meu coração caminhou em direção ao Conhecimento, a filha do Amor e da Beleza e disse: "Conceda-me sabedoria, para que eu possa compartilhá-la com as pessoas". E ele respondeu: "Não diga sabedoria, e sim fortuna, pois a verdadeira fortuna não vem de fora, ela

começa no Sagrado dos Santos da vida. Compartilhe de si
mesmo com o povo".

A morte de um poeta é a sua vida

As escuras asas da noite envolveram a cidade
sobre a qual a Natureza havia espalhado uma
pura vestimenta branca de neve; e os homens
abandonaram as ruas por sua casa em busca
de calor, enquanto o vento norte explorava
calmamente a devastação dos jardins. Lá
no subúrbio se erguia uma velha cabana
completamente carregada de neve e prestes a cair.
Em um canto escuro daquele casebre havia uma
cama pobre em que jazia um jovem moribundo,
olhando para a luz fraca de sua lamparina a óleo,
tremeluzindo com os ventos que adentravam.
Ele, um homem na primavera da vida, que previu
plenamente que a hora pacífica de se libertar
das garras da vida se aproximava rapidamente.
Ele esperava a visita da Morte com gratidão, e
em seu rosto pálido apareceu o amanhecer da
esperança; e em seus lábios um sorriso triste; e em
seus olhos o perdão.

Ele era um poeta morrendo de fome na cidade habitada por ricos. Ele fora colocado no mundo terreno para avivar o coração do homem com suas belas e profundas palavras. Ele, como alma nobre, enviada pela Deusa do Entendimento para acalmar e suavizar o espírito humano. Mas, ai! Ele alegremente se despediu da terra fria sem receber um sorriso de seus estranhos ocupantes.

Ele estava respirando pela última vez e não tinha ninguém ao lado da cama, exceto a lamparina a óleo, sua única companheira, e alguns pergaminhos nos quais havia inscrito os sentimentos de seu coração. Ao resgatar os restos de força que definhava, ergueu as mãos em direção ao céu; moveu os olhos desesperadamente, como se quisesse penetrar no teto para ver as estrelas por trás do véu das nuvens.

E ele disse: "Venha, ó bela Morte; minha alma anseia por você. Aproxime-se de mim e desaperte os grilhões da vida, pois cansei de arrastá-los. Vem, ó doce Morte, e livra-me dos meus vizinhos que me olham como um estranho porque interpreto para eles a linguagem dos anjos. Apresse-se, ó Morte pacífica, e leve-me dessas multidões que me deixaram no canto escuro do esquecimento, porque eu não sangro os fracos como eles fazem. Venha, ó gentil Morte, e me envolva sob suas asas brancas, pois meus semelhantes não precisam de mim. Abraça-me, ó Morte, cheia de amor e misericórdia; deixe seus lábios tocarem os meus, que nunca provaram o beijo de uma mãe, não tocaram as bochechas de uma irmã, não acariciaram as pontas dos dedos de uma namorada. Venha e me leve, amada Morte".

Então, ao lado da cama do poeta moribundo, apareceu um anjo que possuía uma beleza sobrenatural e divina, segurando uma coroa de lírios na mão. Ele o abraçou e fechou seus olhos para que não pudesse ver mais, exceto com os olhos do espírito. Ele lhe imprimiu um longo beijo profundo, e tão delicadamente extraído que deixou um sorriso eterno de realização em seus lábios. Então a choupana ficou vazia e nada mais existia, exceto pergaminhos e papéis que o poeta espalhara com amarga futilidade.

Centenas de anos depois, quando o povo da cidade emergiu do sono da doença da ignorância e viu o alvorecer do conhecimento, as pessoas erigiram um monumento no jardim mais bonito da cidade e celebraram todos os anos uma festa em homenagem àquele poeta, cujo escritos as libertaram. Oh, como é cruel a ignorância do homem!

O criminoso

Um jovem de corpo forte, debilitado pela fome, sentou-se na calçada estendendo a mão para todos os que passavam, implorando, e

novamente estendendo a mão para todos os
que passavam, implorando, e repetindo a triste
canção de sua derrota na vida, enquanto sofria
de fome e humilhação.

Quando a noite chegou, seus lábios e sua língua
estavam secos, enquanto a mão ainda estava tão
vazia quanto o estômago.

Ele se recompôs e saiu da cidade, onde se sentou sob uma
árvore e chorou amargamente. Então ergueu os olhos
perplexos para o céu enquanto a fome o consumia e disse:
"Ó, Senhor, fui até o homem rico e pedi emprego, mas ele
me recusou por causa da minha pobreza; bati na porta da
escola, mas proibiram que me consolassem porque estava
de mãos vazias; procurei qualquer ocupação que me desse
pão, mas tudo em vão. Desesperado, pedi esmolas, mas os
adoradores me viram e disseram: 'Ele é forte e preguiçoso
e não deve mendigar.'".

"Ó, Senhor, é Tua vontade que minha mãe me desse à luz,
e agora a terra me oferece de volta a Ti antes do Fim."

Então sua expressão mudou. Ele se levantou e seus olhos
brilharam de determinação. De um galho de árvore fez
um pedaço de pau grosso e pesado e o apontou na direção
da cidade, gritando: "Pedi pão com toda a força da minha
voz, e me foi recusado. Não vou obtê-lo pela força de
meus músculos! Pedi pão em nome da misericórdia e
do amor, mas a humanidade não atendeu. Devo tomá-lo
agora em nome do mal!".

O passar dos anos tornou o jovem ladrão, assassino e destruidor de almas; ele esmagava todos os que se opunham a ele; acumulou tamanha riqueza que superou os que estavam no poder. Ele era admirado pelos colegas, invejado por outros ladrões e temido pelas multidões.

Suas posições de riqueza e sua falsidade prevaleceram para que o Emir o nomeasse deputado naquela cidade — o lastimável procedimento seguido por governadores insensatos. Os roubos foram legalizados; a opressão era apoiada pela autoridade; esmagar os fracos se tornou comum; a multidão aprovava e elogiava.

Assim, o primeiro toque do egoísmo da humanidade transforma os humildes em criminosos e os filhos da paz em assassinos; assim, a ganância primitiva da humanidade cresce e a atinge mil vezes!

Canção
da fortuna

O homem e eu somos namorados.
Ele me deseja e eu o desejo,
Mas, infelizmente,
Entre nós apareceu uma rival que nos traz desgraça.

Ela é cruel e exigente,

Não possui qualquer atração.

Seu nome é Essência.

Ela nos segue aonde quer que vamos

E nos observa como uma sentinela,

Trazendo inquietação para o meu amor.

Pergunto pelo meu amado na floresta,

Debaixo das árvores, perto dos lagos.

Não consigo encontrá-lo,

Pois a Essência o levou para a cidade barulhenta

E o colocou no trono

De trêmulas riquezas de metal.

Eu chamo por ele com a voz do conhecimento

E a canção da Sabedoria.

Ele não escuta,

Pois a Essência o atraiu para a masmorra

Do egoísmo, onde mora a avareza.

Eu o procuro no campo do Contentamento,

Mas estou sozinho,

Pois minha rival o aprisionou,

Na caverna da gula e da ganância,

E o trancou lá

Com dolorosas correntes de ouro.

Eu o chamo de madrugada, quando a Natureza sorri,

Mas ele não ouve,

Pois a exorbitância tem carregado seus olhos drogados com um sono doentio.

Eu o iludo ao entardecer, quando o Silêncio reina

E as flores dormem.

Mas ele não responde,

Pois seu medo sobre o que o amanhã trará atrapalha seus pensamentos.

Ele anseia por me amar;

Ele me pede em seus próprios atos.

Mas ele não me encontrará exceto nos atos de Deus.

Ele me busca nos edifícios de sua glória

Que construiu sobre os ossos de outros;

Ele sussurra para mim entre seus montes de ouro e prata;

Mas ele vai me encontrar apenas vindo para a casa da Simplicidade

Que Deus construiu à beira da corrente de afeição.

Ele deseja me beijar em frente de seus cofres,

Mas seus lábios nunca tocarão os meus,

Exceto na riqueza da brisa pura.

Ele me pede para compartilhar sua fabulosa riqueza,

Mas não vou abandonar a fortuna de Deus;

Não vou abandonar meu manto de beleza.

Ele busca o engano como meio;

Eu procuro apenas o meio de seu coração.

Ele machuca seu coração em sua cela estreita;

Enriqueceria seu coração com todo o meu amor.

Meu amado aprendeu a gritar e a chorar por minha inimiga, Essência;

Eu iria ensiná-lo a derramar lágrimas de carinho

E de misericórdia com os olhos de sua alma

Por todas as coisas,

E de suspiros profundos de contentamento por entre aquelas lágrimas.

O homem é meu amor;

Eu quero pertencer a ele.

Canção
da chuva

Sou fios de prata pontilhados, jogados do céu pelos deuses.

A natureza então me leva para enfeitar seus campos e vales.

Sou lindas pérolas,

Arrancadas da coroa de Ishtar[1] pela filha da Aurora
para embelezar os jardins.

Quando choro, as colinas riem;

Quando me humilho, as flores se alegram;

Quando me curvo, todas as coisas ficam exultantes.

O campo e a nuvem são amantes

E entre eles sou um mensageiro da misericórdia.

Mato a sede de um;

Curo a doença do outro.

A voz do trovão declara minha chegada;

O arco-íris anuncia minha partida.

Eu sou como a vida terrena,

Que começa aos pés dos elementos loucos

E termina sob as asas erguidas da Morte.

Emerjo do ouvido do mar

Subo com a brisa.

Quando vejo um campo necessitado,

Desço e abraço as flores e árvores de um
milhão de jeitinhos.

Toco suavemente nas janelas com meus dedos macios,

E meu anúncio é uma canção de boas-vindas que
todos podem ouvir

---

1   Deusa do amor, das plantas e da fertilidade.

Mas apenas o sensível pode entender.

O calor no ar me faz nascer,

Mas, por sua vez, eu o mato,

Como a mulher vence o homem com a força que tira dele.

Eu sou o suspiro do mar;

O riso do campo;

As lágrimas do céu.

Então, com amor —

Suspiros do fundo do mar de afeto;

Risos do campo colorido do espírito;

Lágrimas do céu infinito de memórias.

O poeta

Ele é um elo entre este e o mundo vindouro.

Ele é uma fonte pura da qual todas as almas sedentas podem beber.

Ele é uma árvore regada pelo Rio da Beleza,

Produzindo frutos que o coração faminto anseia;

Ele é um rouxinol,

Acalma o espírito deprimido com suas belas melodias;

É uma nuvem branca aparecendo no horizonte,

Sobe e cresce até preencher a face do céu.

Em seguida, cai fluindo no campo da Vida,

Abre suas pétalas para admitir a luz.

Ele é um anjo,

Enviado pela deusa para pregar o evangelho da Divindade;

É uma lâmpada brilhante,

Não conquistada pela escuridão

E inextinguível pelo vento.

É preenchido com óleo pela Ishtar do Amor,

E iluminado pelo Apolo da Música.

É uma figura solitária,

Vestido de simplicidade e de gentileza;

Ele se senta no colo da Natureza para obter sua inspiração,

E fica acordado no silêncio da noite,

Esperando a descida do espírito.

Ele é um semeador

Que semeia o seu coração nas pradarias do afeto,

E a humanidade recebe a colheita para seu alimento.

Este é o poeta — a quem as pessoas ignoram nesta vida,

E que só é reconhecido quando se despede do mundo terreno

E retorna ao seu caramanchão no céu.

Este é o poeta — que nada pede à humanidade senão um sorriso.

Este é o poeta — cujo espírito ascende e enche o firmamento com belas palavras;

No entanto, as pessoas negam a si mesmas seu esplendor.

Até quando o povo dormirá?

Até quando continuarão a glorificar aqueles que alcançam a grandeza por momentos de proveito?

Por quanto tempo eles irão ignorar aqueles que os capacitam a ver a beleza de seu espírito,

Símbolo de paz e amor?

Até quando os seres humanos honrarão os mortos e esquecerão os vivos,

Que passam a vida rodeados pela miséria,

E que se consomem

Como velas acesas para iluminar o caminho

Para os ignorantes e conduzi-los ao caminho da luz?

Poeta, você é a vida desta vida,

E você triunfou ao longo dos séculos,
apesar de sua dificuldade.

Poeta, você um dia governará os corações,

E, portanto, seu reino não tem fim.

Poeta, examine sua coroa de espinhos;

Você encontrará escondida nela uma coroa de louros brotando.

Risos
e lágrimas

Enquanto o Sol retirava seus raios do jardim e a lua lançava raios acolchoados sobre as flores, sentei-me sob as árvores refletindo sobre os fenômenos da atmosfera, olhando através dos galhos para as estrelas espalhadas que brilhavam como lascas de prata sobre um tapete azul; e podia ouvir a distância o murmúrio agitado do riacho cantando vivamente seu caminho para o vale.

Quando os pássaros se abrigaram entre os galhos e as flores dobraram as pétalas, e um tremendo silêncio desceu, ouvi um farfalhar de pés na grama. Prestei atenção e vi um jovem casal se aproximando do meu caramanchão. Fiquei debaixo de uma árvore onde eu pudesse vê-los sem ser visto.

Depois de ter olhado em todas as direções, ouvi o jovem dizer: "Sente-se ao meu lado, minha amada, e ouça meu coração; sorria, porque a sua felicidade é um símbolo do nosso futuro; seja feliz, porque os dias brilhantes se alegram conosco".

"Minha alma está me avisando da dúvida em seu coração, pois a dúvida no amor é um pecado. Em breve você será a dona desta vasta terra, iluminada por esta linda lua; em breve você será a senhora do meu palácio, e todos os servos e criadas obedecerão às suas ordens.

Sorria, minha amada, como os sorrisos dourados dos cofres do meu pai.

Meu coração se recusa a lhe negar seu segredo. Doze meses de conforto e viagens nos aguardam; por um ano, vamos gastar o ouro de meu pai nos lagos azuis da Suíça, conhecendo os edifícios da Itália e do Egito, e descansando sob os sagrados cedros do Líbano; você vai conhecer as princesas que vão invejar você por suas joias e roupas.

Todas essas coisas farei por você; você ficará satisfeita?"

Em pouco tempo os vi andando e pisando nas flores como os ricos pisam no coração dos pobres. Quando eles desapareceram de minha vista, comecei a fazer uma comparação entre amor e dinheiro e a analisar sua posição no coração.

Dinheiro! A fonte de amor insincero; a fonte de falsa luz e fortuna; o poço de água envenenada; o desespero da velhice!

Ainda estava vagando no vasto deserto da contemplação quando um casal abandonado e parecido com um espectro passou por mim e se sentou na grama; um jovem e uma jovem que haviam deixado sua cabana agrícola nos campos próximos por este lugar fresco e solitário.

Depois de alguns momentos de silêncio completo, ouvi as seguintes palavras proferidas com suspiros de lábios queimados pelo tempo: "Não derrame lágrimas, minha amada; o amor que abre nossos olhos e escraviza nosso coração pode nos dar a bênção da paciência. Consolemo-nos em nossa demora, pois fizemos um juramento e entramos no santuário do Amor; pois nosso amor sempre crescerá na adversidade; pois é em nome do Amor que estamos sofrendo os obstáculos da pobreza, da severidade da miséria e do vazio da separação. Atacarei essas adversidades até triunfar e colocar em suas mãos uma força que ajudará em todas as coisas para completar a jornada da vida".

"O amor — que é Deus — considerará nossos suspiros e lágrimas como incenso queimado em Seu altar e nos recompensará com coragem. Adeus, minha amada; devo partir antes que a lua se encoraje e desapareça."

Uma voz pura, combinada com a chama consumidora do amor, a amargura desesperada do desejo e a decidida doçura da paciência, disse: "Adeus, meu amado".

Eles se separaram, e a elegia à união deles foi abafada pelos lamentos do meu coração chorando.

Olhei para a natureza adormecida e, com profunda reflexão, descobri a realidade de uma coisa vasta e infinita — algo que nenhum poder poderia exigir, exercer influência ou adquirir riquezas. Nem poderia ser apagado pelas lágrimas do tempo ou amortecido pela tristeza; algo que não pode ser descoberto pelos lagos azuis da Suíça ou pelos belos edifícios da Itália.

É algo que ganha força com paciência, cresce apesar dos obstáculos, aquece no inverno, floresce na primavera, sopra uma brisa no verão e frutifica no outono — eu encontrei o amor.

Visão

Lá no meio do campo, ao lado de um riacho cristalino, vi uma gaiola cujas hastes e dobradiças haviam sido feitas pelas mãos de um especialista. Em um canto estava um pássaro morto e em outro duas bacias — uma vazia de água e outra de sementes. Fiquei ali parado com reverência, como se o pássaro sem vida e o murmúrio da água fossem dignos de profundo silêncio e respeito — algo digno de exame e meditação pelos ouvidos e pela consciência.

No momento em que estava absorto pela visão e pelo pensamento, descobri que a pobre criatura morrera de sede ao lado de um riacho de água e de fome no meio de um rico campo, berço da vida; como um homem rico trancado em seu cofre de ferro, morrendo de fome em meio a montes de ouro.

Diante dos meus olhos, vi a gaiola se transformar de repente em um esqueleto humano e o pássaro morto no coração de um homem que sangrava de uma ferida profunda que parecia os lábios de uma mulher triste. Uma voz veio daquela ferida dizendo: "Eu sou o coração humano, prisioneiro da essência e vítima das leis terrenas".

"No campo da Beleza de Deus, à beira da corrente da vida, fui aprisionado na gaiola das leis feitas pelo homem.

No centro da bela Criação, morri negligenciado porque fui impedido de desfrutar da liberdade e da generosidade de Deus.

Tudo de belo que desperta meu amor e desejo é uma vergonha, segundo as concepções do homem; tudo de bom que eu anseio é nada, de acordo com o seu julgamento.

Eu sou o coração humano perdido, aprisionado na masmorra imunda dos ditames do homem, amarrado com correntes de autoridade terrena, morto e esquecido pela humanidade risonha, cuja língua está amarrada e cujos olhos estão vazios de lágrimas visíveis."

Todas essas palavras eu ouvi e as vi emergindo como uma corrente de sangue cada vez mais rala daquele coração ferido.

Mais foi dito, mas meus olhos embaçados e meu choro impediram minha visão e minha audição.

Dois
desejos

No silêncio da noite a Morte desceu de Deus em direção à Terra. Ela pairou sobre uma cidade e entrou nas habitações com os olhos. Disse que os espíritos flutuam nas asas dos sonhos e nas pessoas que são rendidas pelo Sono.

Quando a lua caiu abaixo do horizonte e a cidade escureceu, a Morte caminhou silenciosamente entre as casas — tomando cuidado para não tocar em nada — até chegar a um palácio. Ela entrou pelos portões trancados sem ser perturbada e ficou ao lado da cama do homem rico; e quando a Morte tocou testa dele, os olhos do adormecido se abriram, e mostravam grande medo.

Quando viu o espectro, ele convocou uma voz misturada com medo e raiva, e disse: "Deus, vá embora, que sonho terrível; me deixe, seu fantasma horrível. Quem é você? Como você entrou neste lugar? O que você quer? Deixe este lugar imediatamente, pois eu sou o senhor da casa e chamarei meus escravos e guardas, e ordenarei que matem você!".

Então a Morte falou, suavemente, mas como um trovão latente: "Eu sou a Morte. Fique de pé e faça uma reverência!".

O homem respondeu: "O que você quer? O que você veio fazer aqui se eu ainda não terminei meus negócios? O que você entende de uma força como a minha? Vá até o homem fraco e leve-o embora!".

"Eu detesto ver suas patas ensanguentadas e seu rosto vazio, e meus olhos adoecem com seus ventos horríveis e seu corpo cadavérico."

Depois de um momento de terrível compreensão, acrescentou: "Não, não, ó Morte misericordiosa! Não se preocupe em falar, pois até o medo revela o que o coração proíbe".

"Pegue um saco do meu ouro ou um punhado da alma do meu escravo, mas me deixe. Tenho contas com a Vida que exigem acerto; devo às pessoas muito ouro;

meus navios não chegaram ao porto; minha exigência: apenas poupe minha vida. Morte, possuo haréns de beleza sobrenatural; sua escolha é meu presente para você. Preste atenção, Morte — só tenho um filho e o amo profundamente, pois ele é minha única alegria nesta vida. Eu lhe ofereço o sacrifício supremo — leve-o, mas me poupe!".

A Morte murmurou: "Você não é rico, e sim lamentavelmente pobre". Então a Morte tomou a mão daquele escravo terreno, removeu sua realidade e deu aos anjos a pesada tarefa de correção.

E a Morte caminhou lentamente entre as moradias dos pobres até chegar à mais miserável que pôde encontrar. Ela entrou e se aproximou de uma cama em que um jovem dormia inquietamente. A Morte tocou seus olhos; o rapaz se levantou e, ao ver a Morte ao seu lado, com uma voz cheia de amor e esperança, disse: "Aqui estou, minha linda Morte. Aceite minha alma, pois você é a esperança dos meus sonhos. Seja a realização deles! Abrace-me, ó, Morte amada! Você é misericordiosa; não me deixe. Você é a mensageira de Deus; entregue-me a ele. Você é a mão direita da Verdade e o coração da Bondade; não me despreze".

"Eu já implorei por você muitas vezes, mas você não veio; procurei você, mas você me evitou; chamei você, mas você não ouviu. Você me ouve agora — abrace minha alma, amada Morte!"

A Morte colocou a mão amolecida sobre os lábios trêmulos, removeu toda a realidade e a envolveu sob suas asas para uma condução segura. E voltando ao céu, a Morte olhou para trás e sussurrou seu aviso:

"Somente retorna à Eternidade quem na Terra busca a Eternidade."

Ontem
e hoje

O colecionador de ouro caminhava pelo parque de seu palácio e com ele caminhavam seus problemas. E na cabeça dele pairavam as preocupações como um abutre paira sobre uma carcaça, até que ele chegou a um belo lago cercado por magníficas estátuas de mármore.

Ficou sentado ali, ponderando a água que escorria da boca das estátuas como pensamentos fluindo livremente da imaginação de um amante e contemplando pesadamente seu palácio, que ficava sobre uma colina como uma marca de nascença na bochecha de uma donzela. Sua fantasia lhe revelou as páginas do drama de sua vida, que leu com lágrimas que velaram seus olhos e o impediram de ver as débeis adições do homem à Natureza.

Ele olhou com pesar penetrante para as imagens da infância, tecidas em padrões pelos deuses, até que não pôde mais controlar a angústia. Ele disse em voz alta: "Ontem eu estava pastando minhas ovelhas no vale verde, apreciando minha existência, tocando minha flauta e segurando minha cabeça erguida. Hoje sou um prisioneiro da ganância. O ouro leva ao ouro, depois à inquietação e, finalmente, à esmagadora desgraça".

"Ontem eu era como um pássaro cantando, voando livremente aqui e ali nos campos. Hoje sou um escravo da riqueza inconstante, das regras da sociedade e dos costumes da cidade, e comprei amigos, agradando as pessoas ao me conformar com as estranhas e restritas leis do homem. Eu nasci para ser livre e desfrutar da generosidade da vida, mas me vejo como uma besta de carga tão carregada de ouro que as costas estão quebrando.

Onde estão as planícies amplas, os riachos cantantes, a brisa pura, a proximidade da Natureza? Onde está minha divindade? Eu perdi tudo! Nada resta a não ser a solidão que me entristece, o ouro que me ridiculariza, os escravos que me amaldiçoam e um palácio que ergui como tumba para minha felicidade, e em cuja grandeza perdi meu coração.

Ontem perambulei pelas pradarias e colinas com a filha do beduíno; a virtude foi nossa companheira, o amor, nosso deleite, e a lua, nossa guardiã. Hoje estou entre as mulheres de beleza superficial que se vendem por ouro e diamantes.

Ontem estava despreocupado, compartilhando com os pastores toda a alegria da vida; comendo, brincando, trabalhando, cantando e dançando juntos ao som da música de verdade do coração. Hoje me encontro entre o povo como um cordeiro assustado entre os lobos. Enquanto eu ando nas estradas, eles me olham com olhos odiosos e apontam para mim com desprezo e ciúme, e enquanto ando furtivamente pelo parque vejo rostos carrancudos ao meu redor.

Ontem fui rico de felicidade e hoje sou pobre de ouro.

Ontem eu era um pastor feliz olhando como um rei misericordioso olha com prazer para seus súditos contentes. Hoje sou um escravo diante de minha riqueza, minha riqueza que me roubou a beleza da vida que um dia conheci.

Perdoe-me, meu Juiz! Eu não sabia que a riqueza iria fragmentar minha vida e me conduzir às masmorras da aspereza e da estupidez. O que eu pensei que era glória nada mais é do que um inferno eterno."

Ele se recompôs e caminhou lentamente em direção ao palácio, suspirando e repetindo: "É isso que as pessoas chamam de riqueza? É este o deus que estou servindo e adorando? É isso que procuro da Terra? Por que não posso trocá-lo por uma partícula de contentamento? Quem me venderia um pensamento lindo por uma tonelada de ouro? Quem me daria um momento de amor por um punhado de joias? Quem me daria um olho que pode ver o coração dos outros e tomar todos os meus cofres em troca?".

Ao chegar aos portões do palácio, ele se virou e olhou para a cidade como Jeremias olhava para Jerusalém. Ele ergueu os braços, e em um lamento agoniado gritou: "Ó, povo da cidade fétida, que vive nas trevas, avançando para a miséria, pregando mentiras e falando com estupidez... até quando permanecerás ignorante? Até quando vocês devem perdurar na imundície da vida e continuar a abandonar seus jardins? Por que usar esfarrapadas vestes avarentas se a vestimenta de seda da beleza da Natureza é feita para vocês? A lâmpada da sabedoria está diminuindo; está na hora de colocar óleo. A casa da verdadeira fortuna está sendo destruída; está na hora de reconstruí-la e protegê-la. Os ladrões da ignorância roubaram o tesouro de sua paz; está na hora de retomar!".

Naquele momento, um homem pobre apareceu diante dele e estendeu a mão para pedir esmolas. Ao olhar para o mendigo, seus lábios se separaram, os olhos brilharam com suavidade e o rosto irradiava bondade. Era como se o ontem que ele lamentara à beira do lago viesse saudá-lo. Ele abraçou o pobre com afeto e encheu as mãos dele de ouro, e com uma voz sincera com a doçura do amor disse: "Volte amanhã e traga com você seus semelhantes sofredores. Todos os seus bens serão restaurados".

Ele entrou no palácio dizendo: "Tudo na vida é bom; até ouro, pois ensina uma lição. O dinheiro é como um instrumento de cordas; aquele que não sabe como usá-lo corretamente ouvirá apenas uma música discordante. O dinheiro é como o amor; mata lenta e dolorosamente aquele que o retém e vivifica o outro que o dirige aos seus semelhantes".

Deixe-me,
minha culpa

Deixe-me, minha culpa,

Pelo bem do amor que une a sua alma à do seu amado;

Pelo bem daquilo que une o espírito ao afeto materno,

E amarra seu coração com amor filial.

Vá e deixe-me com meu próprio coração chorando.

Deixe-me navegar no oceano dos meus sonhos;

Espere até o amanhã chegar,

Pois o amanhã é livre para fazer o que quiser comigo.

Sua postura nada mais é do que sombra,

Que caminha com o espírito até a tumba da vergonha,

E mostra a terra fria e sólida.

Eu tenho um pequeno coração dentro de mim

E gostaria de tirá-lo da prisão e carregá-lo na palma da minha mão

Para examiná-lo em profundidade e extrair seu segredo.

Não aponte suas flechas para ele,

Para que ele não se assuste e desapareça antes de derramar o sangue secreto

Como um sacrifício no altar de sua própria fé,

Dado a ele pela Divindade

Quando ele o moldou com amor e beleza.

O sol está nascendo e o rouxinol está cantando,

E a murta está respirando sua fragrância no espaço.

Eu quero me libertar do sono acolchoado de coisas erradas.

Não me detenha, minha culpa!

Não me critique por mencionar os leões da floresta

Ou as cobras do vale,

Para mim, a alma não conhece o medo da terra

E não aceita nenhum aviso do mal antes que o mal chegue.

Não me aconselhe, minha culpa,

Pois as calamidades abriram meu coração

E as lágrimas limparam meus olhos,

E os erros me ensinaram a linguagem do coração.

Não fale de banimento, pois a consciência é o meu juiz

E ele vai me absolver e me proteger se eu for inocente,

E vai me negar a vida se eu for um criminoso.

A procissão do amor está se movendo;

A beleza está agitando sua bandeira;

A juventude está soando a trombeta de alegria;

Não perturbe meu remorso, minha culpa.

Deixe-me caminhar, pois o caminho é rico
em rosas e hortelã,

E o ar cheira à limpeza.

Não conte histórias de riqueza e grandeza,

Pois minha alma é rica em generosidade e grande na glória de Deus.

Não fale de povos, leis e reinos,

Pois toda a Terra é o meu local de nascimento

E todos os humanos são meus irmãos.

Afaste-se de mim, pois você está tirando a vida —

Fornecendo arrependimento e
trazendo palavras desnecessárias.

A beleza
da morte

PARTE 1 . O CHAMADO

Deixem-me dormir, pois minha alma está intoxicada de amor.

Deixem-me descansar, pois meu espírito tem tido sua recompensa dos dias e das noites;

Acendam as velas e queimem o incenso em volta da minha cama,

Espalhem folhas de jasmim e rosas sobre o meu corpo;

Embalsamem meu cabelo com olíbano e borrifem meus pés com perfume,

E leiam o que a mão da Morte escreveu na minha testa.

Deixem-me descansar nos braços do Sono, pois meus olhos estão cansados;

Deixem a lira de cordas de prata vibrar e acalmar meu espírito;

Teçam um véu com a harpa e o alaúde ao redor de meu coração, que está definhando.

Cantem sobre o passado enquanto contemplam o amanhecer de esperança em meus olhos, pois

Seu significado mágico é uma cama macia sobre a qual meu coração repousa.

Sequem suas lágrimas, meus amigos, e levantem a cabeça como as flores

Levantam sua coroa para saudar o amanhecer.

Vejam a noiva da Morte parada como uma coluna de luz

Entre minha cama e o infinito;

Prendam a respiração e ouçam comigo o farfalhar do aceno de suas asas brancas.

Aproximem-se e digam-me adeus;

Toquem meus olhos com lábios sorridentes.

Deixem as crianças segurar minhas mãos com seus dedos macios e rosados;

Deixem os mais velhos colocar suas mãos com veias sobre minha cabeça e me abençoar;

Deixem as virgens se aproximar e ver a sombra de Deus em meus olhos,

E ouvir o eco de Sua vontade competindo com a minha respiração.

PARTE 2 . A ASCENSÃO

Eu passei por um pico de montanha

E minha alma está planando no firmamento da liberdade completa e ilimitada;

Estou longe, muito longe, meus companheiros,

E as nuvens estão escondendo as colinas dos meus olhos.

Os vales estão se tornando inundados por um oceano de silêncio,

E as mãos do esquecimento estão engolfando as estradas e as casas;

As pradarias e os campos estão desaparecendo atrás de um espectro branco

Isso parece uma nuvem de primavera, amarela como a luz de velas

E vermelha como o crepúsculo.

As canções das ondas e os hinos dos riachos estão dispersos,

E a voz das multidões reduzida ao silêncio;

E não consigo ouvir nada além da música da Eternidade

Em perfeita harmonia com os desejos do espírito.

Estou envolto em toda a brancura;

Estou confortável; estou em paz

PARTE 3 . OS RESTOS

Desembrulhem-me desta mortalha de linho branco
E vistam-me com folhas de jasmim e lírios;
Tirem meu corpo do caixão de marfim e
deixem-no descansar
Sobre almofadas de flores de laranjeira.

Não me lamentem, cantem canções de
juventude e alegria;
Não derramem lágrimas sobre mim, cantem a
colheita e o lagar;
Não expressem nenhum suspiro de agonia,
Desenhem com o dedo em meu rosto o símbolo do
Amor e da Alegria.

Não perturbem a tranquilidade do ar com
cânticos e réquiens,
Que seu coração cante comigo a
canção da Vida Eterna;
Não me lamentem com roupas pretas,
Vistam-se com cores e regozijem-se comigo;
Não falem da minha partida com
suspiros em seu coração;
Fechem seus olhos e me verão com
vocês para sempre.

Coloquem-me em cima de um ramalhete de folhas
E carreguem-me em seus ombros amigáveis

E caminhem lentamente para a floresta deserta.
Não me levem para o cemitério lotado
Para que meu sono não seja interrompido pelo barulho de ossos e crânios.
Levem-me para a floresta de ciprestes
E cavem minha sepultura onde violetas e papoulas não crescem à sombra uma da outra;
Que meu túmulo seja profundo
Para que o dilúvio não leve meus ossos ao vale aberto;
Que minha graça seja ampla,
Para que as sombras do crepúsculo venham e se assentem ao meu lado.
Tirem de mim todas as vestes terrenas
E coloquem-me nas profundidades da minha Mãe Terra;
E coloquem-me com cuidado no seio da minha mãe.
Cubram-me com terra macia,
E que cada punhado seja misturado com sementes de jasmim, lírios e murta;
E quando eles crescerem por cima de mim,
E prosperarem no elemento do meu corpo, irão respirar a fragrância do meu coração na imensidão;
E revelarão até ao sol o segredo da minha paz;
E navegarão com a brisa e confortarão o viajante.
Deixem-me então, amigos — deixem-me e partam com os pés silenciosos,

Enquanto o silêncio caminha no vale deserto;
Deixem-me com Deus e se dispersem lentamente,
À medida que as flores da amêndoa e da maçã se dispersam sob a vibração da brisa de Nissan[2].
Voltem para a alegria de suas moradias,
E encontrarão lá aquilo que a Morte não pode remover nem de vocês nem de mim.
Partam em paz, pois o que veem aqui não significa de maneira alguma que veio
Do mundo terreno. Deixem-me.

A voz de um poeta

PARTE I

O poder da caridade semeia o fundo do meu coração, colho e reúno o trigo em feixes e ofereço aos famintos.

---

[2] Primeiro mês da primavera no calendário judaico.

Minha alma dá vida à videira, e eu aperto seus cachos e ofereço o suco aos sedentos.

O céu enche minha lamparina com óleo, e eu a coloco na minha janela para direcionar o forasteiro no escuro.

Faço todas essas coisas porque vivo nelas; e se o destino amarrasse minhas mãos e me impedisse de fazê-las, a morte seria meu único desejo. Pois sou poeta e, se não posso dar, recuso-me a receber.

A humanidade ruge como uma tempestade, mas suspiro em silêncio porque sei que a tempestade deve passar quando um suspiro chega a Deus.

Os seres humanos se apegam às coisas terrenas, mas procuro sempre abraçar a tocha do amor para que me purifique com seu fogo e chamusque a desumanidade de meu coração.

Os assuntos essenciais amortecem um homem sem sofrimento; o amor o desperta com dores vivificantes.

Os humanos são divididos em diferentes clãs e tribos e pertencem a países e cidades. Mas me considero um estranho em todas as comunidades e não pertenço a nenhum assentamento. O universo é meu país e a família humana é minha tribo.

Os homens são fracos, e é triste que se dividam entre si. O mundo é estreito e não é sensato dividi-lo em reinos, impérios e províncias.

Os tipos humanos se unem para destruir os templos da alma e dão as mãos para construir edifícios para os corpos terrenos. Fico sozinho ouvindo a voz da esperança em meu interior dizendo: "Assim como o amor vivifica o coração de um homem com dor, a ignorância lhe ensina o caminho do conhecimento". Dor e ignorância levam à grande alegria e ao conhecimento porque o Ser Supremo não criou nada em vão sob o sol.

PARTE 2

Tenho saudade de meu lindo país e amo seu povo por causa de sua desgraça. Mas se meu povo se levantasse, estimulado pela pilhagem e motivado pelo que chamam de "espírito patriótico" para assassinar e invadisse o país do meu vizinho, então, ao cometer qualquer atrocidade humana, eu odiaria meu povo e meu país.

Canto louvores por minha terra natal e desejo muito ver a casa de meus filhos; mas se as pessoas daquela casa se recusassem a abrigar e alimentar o viajante necessitado, eu converteria meu elogio em raiva e meu desejo em esquecimento. Minha voz interior diria: "A casa que não conforta as necessidades não vale nada pela destruição".

Amo minha aldeia natal com um pouco do meu amor pelo meu país; e amo meu país com parte de meu amor pela Terra, que é toda meu país; e amo a vontade da

Terra por inteiro, porque é o refúgio da humanidade, o espírito manifesto de Deus.

A humanidade é o espírito do Ser Supremo na Terra, e essa humanidade está em meio às ruínas, escondendo sua nudez atrás de trapos esfarrapados, derramando lágrimas em faces encovadas e chamando por seus filhos com voz deplorável. Mas as crianças estão ocupadas cantando o hino do seu clã; elas estão ocupadas afiando as espadas e não podem ouvir o grito da mãe.

A humanidade apela ao seu povo, mas ele não ouve. Se alguém ouvisse e consolasse a mãe enxugando suas lágrimas, o outro diria: "Ele é fraco, afetado por sentimentos".

A humanidade é o espírito do Ser Supremo na Terra, e esse Ser Supremo prega o amor e a boa vontade. Mas o povo ridiculariza esses ensinamentos. Jesus de Nazaré ouviu, e a crucificação foi o seu destino; Sócrates ouviu a voz e a seguiu, e ele também foi vítima. Os seguidores do Nazareno e de Sócrates são os seguidores da Divindade, e uma vez que as pessoas não os matam, zombam deles, dizendo: "O ridículo é mais amargo do que a morte".

Jerusalém não poderia matar O Nazareno, nem Atenas, Sócrates; eles ainda estão vivos e viverão eternamente. O ridículo não pode triunfar sobre os seguidores da Divindade. Eles vivem e crescem para sempre.

PARTE 3

Tu és meu irmão porque és humano, e ambos somos filhos do mesmo Espírito Santo; somos iguais e feitos da mesma terra.

Está aqui como meu companheiro ao longo do caminho da vida e meu auxílio na compreensão do significado da verdade oculta. Você é humano, e basta esse fato para amá-lo como um irmão. Você pode falar de mim como quiser, pois o Amanhã o levará e usará sua palavra como evidência para o julgamento dele, e você receberá justiça.

Pode me privar de tudo o que possuo, pois minha ganância instigou o acúmulo de riquezas e você tem direito à minha parte, se isso o satisfizer.

Pode fazer para mim o que quiser, mas você não será capaz de tocar em minha verdade.

Pode derramar meu sangue e queimar meu corpo, mas não pode matar ou ferir meu espírito.

Pode amarrar minhas mãos com correntes e meus pés com algemas e me colocar na prisão escura, mas não escravizará meu pensamento, pois é livre, como a brisa no céu espaçoso.

Você é meu irmão e eu te amo. Eu amo você indo a sua igreja, ajoelhando-me em seu templo e orando em sua mesquita. Você, eu e todos somos filhos de uma religião, já que os vários caminhos da religião são apenas os dedos da mão amorosa do Ser Supremo, estendidos a todos, oferecendo plenitude de espírito a todos, ansiosos por receber tudo.

Eu te amo por sua verdade, derivada de seu conhecimento; aquela verdade que não posso ver por causa da minha ignorância. Mas eu respeito isso como uma coisa divina, pois é uma ação do espírito. Tua Verdade encontrará a minha Verdade no mundo vindouro e se fundirá como a fragrância das flores e se tornará uma Verdade inteira e eterna, perpetuando e vivendo na eternidade do Amor e da Beleza.

Eu te amo porque és fraco perante o opressor forte e pobre perante o rico ganancioso. Por essas razões, derramo lágrimas e te consolo; e por trás das minhas lágrimas te vejo abraçado nos braços da Justiça, sorrindo e perdoando seus perseguidores. Você é meu irmão, e eu te amo.

PARTE 4

Você é meu irmão, mas por que está brigando comigo? Por que você invade meu país e tenta me subjugar para agradar aqueles que buscam glória e autoridade?

Por que deixa sua esposa e filhos e segue a Morte para uma terra distante por causa daqueles que compram glória com seu sangue e altas honras com as lágrimas de sua mãe?

É uma honra para um homem matar seu irmão? Se você considera isso uma honra, que seja um ato de adoração e erga um templo para Caim, que matou o irmão, Abel.

A autopreservação é a primeira lei da Natureza? Por que, então, a ganância o exorta a se sacrificar apenas para atingir o objetivo de ferir seus irmãos? Cuidado, meu irmão, com o líder que diz: "O amor à existência nos obriga a privar as pessoas de seus direitos!". Digo a você: proteger os direitos dos outros é o mais nobre e belo ato humano; se minha existência exige que eu mate outros, então a morte é mais honrosa para mim, e se eu não conseguir encontrar alguém para me matar para a proteção de minha honra, não hesitarei em tirar minha vida por minhas próprias mãos pelo bem da Eternidade antes que a Eternidade venha.

O egoísmo, meu irmão, é a causa da superioridade cega, e a superioridade cria o clã, e o clã cria autoridade, que leva à discórdia e subjugação.

A alma acredita no poder do conhecimento e da justiça sobre a obscura ignorância; nega a autoridade que fornece as espadas para defender e fortalecer a ignorância e a opressão — aquela autoridade que destruiu a Babilônia, abalou os alicerces de Jerusalém e deixou Roma em ruínas. Foi isso que fez as pessoas chamarem os criminosos de grandes mesquinhos; fez os escritores respeitarem seu nome; fez historiadores relatarem as histórias de sua desumanidade em forma de elogio.

A única autoridade a que obedeço é o conhecimento de guardar e concordar com a Lei Natural de Justiça.

Que justiça a autoridade exibe quando mata o assassino? Quando aprisiona o ladrão? Quando vai a um país vizinho e mata seu povo? O que pensa a justiça da autoridade sob a qual um assassino pune quem mata e um ladrão condena quem rouba?

Você é meu irmão, e eu te amo; e o amor é justiça com toda a sua intensidade e dignidade. Se a justiça não apoiasse meu amor por você, independentemente de sua tribo e comunidade, eu seria um enganador, ocultando a feiura do egoísmo por trás da veste exterior de puro amor.

CONCLUSÃO

Minha alma é minha amiga, que me consola na miséria e na angústia da vida. Aquele que não faz amizade com sua alma é um inimigo da humanidade, e aquele que não encontra orientação humana dentro de si perecerá desesperadamente. A vida surge de dentro e não deriva dos arredores.

Vim dizer uma palavra e direi agora. Mas se a morte impedir sua declaração, será dito no Amanhã, pois o Amanhã nunca deixa um segredo no livro da Eternidade.

Vim viver na glória do Amor e na luz da Beleza, que são os reflexos de Deus. Estou aqui vivendo, e as pessoas não podem me exilar do domínio da vida porque sabem que viverei na morte. Se arrancarem meus olhos, ouvirei os murmúrios do Amor e as canções da Beleza.

Se fecharem os ouvidos, desfrutarei do toque da brisa misturada com o incenso do Amor e a fragrância da Beleza.

Se me colocarem no vácuo, viverei com minha alma, a filha do Amor e da Beleza.

Vim aqui ser para todos e com todos, e o que faço hoje na minha solidão terá eco no amanhã para o povo.

O que eu digo agora com um coração será dito amanhã por muitos corações.

A vida
de amor

PRIMAVERA

Venha, meu amado; vamos caminhar entre as colinas,
Pois a neve é água,
E a vida está viva de seu sono e está vagando pelas colinas e vales.

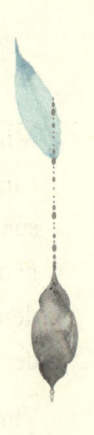

*Vamos seguir as pegadas da Primavera
nos campos distantes,*

*E monte os topos das colinas para se inspirar bem
acima das planícies verdes e frescas.*

*O Alvorecer da Primavera desdobrou sua
vestimenta de inverno*

E a colocou nos pessegueiros e nas árvores cítricas;

*E elas aparecem como noivas no traje cerimonial
da Noite de Kedre.*

Os ramos de videira se abraçam como namorados,

E os riachos explodem em dança entre as rochas,

Repetindo a canção da alegria;

E as flores brotam de repente do coração da natureza,

Como a espuma que vem do rico coração do mar.

*Venha, meu amado; vamos beber as últimas lágrimas
de inverno nos lírios como se fossem uma xícara,*

*E acalmar nosso espírito com a chuva de
notas dos pássaros,*

E vaguear em êxtase pela brisa inebriante.

*Vamos sentar-nos perto daquela rocha, em que as
violetas se escondem;*

Vamos prosseguir com a doce troca de beijos.

VERÃO

Vamos para os campos, meu amado,

Com a aproximação da época da colheita,

E os olhos do sol estão amadurecendo o grão.

Vamos cuidar do fruto da terra,

À medida que o espírito nutre os grãos de alegria das sementes de Amor, plantadas no fundo de nosso coração.

Vamos encher nossas caixas com os produtos da natureza,

Como a vida preenche tão abundantemente o domínio de nosso coração com sua generosidade sem fim.

Vamos fazer das flores a nossa cama,

E do céu nosso cobertor,

E descansamos nossa cabeça em travesseiros de feno macio.

Vamos descansar depois de um dia de trabalho e ouvir o murmúrio provocador do riacho.

OUTONO

Vamos colher as uvas na vinha para o lagar,

E guardar o vinho em recipientes velhos,

Como o espírito que mantém o Conhecimento das idades em recipientes eternos.

Vamos voltar para nossa morada,

Pois o vento fez com que as folhas amarelas caíssem

E envolvessem as flores murchas que sussurram uma elegia ao verão.

Venha para casa, minha eterna amada,

Pois os pássaros fizeram peregrinação para o calor

E para que as pradarias geladas não sofram
as dores da solidão.

O jasmim e a murta não tenham mais lágrimas.

Recuemos, pois o riacho cansado cessou seu canto;

E as fontes borbulhantes são esvaziadas de
seu copioso pranto;

E suas cautelosas colinas velhas guardaram suas vestimentas coloridas.

Venha, minha amada; a natureza está apenas cansada

E está se despedindo de seu entusiasmo

Com melodia tranquila e contente.

INVERNO

Aproxime-se de mim, companheiro de
minha vida plena;

Venha para perto de mim e não deixe o toque do
inverno entrar entre nós.

Sente-se perto de mim diante da lareira,

Pois o fogo é o único fruto do inverno.

Fale-me da glória do seu coração,

Pois isso é maior do que os elementos estridentes
além de nossa porta.

Amarre a porta e sele as travessas,

Pois o semblante irado do céu deprime meu espírito,

E a superfície de nossos campos carregados de neve
faz minha alma chorar.

Alimente a lamparina com óleo e não deixe escurecer,

E a coloque ao seu lado,

Para que possa ler com lágrimas o que sua vida
comigo escreveu em seu rosto.

Traga o vinho do outono.

Vamos beber e cantar a canção da lembrança da
semeadura despreocupada da primavera,

E o cuidado vigilante de verão,

E a recompensa do outono na colheita.

Aproxime-se de mim, amada de minha alma;

O fogo está esfriando e fugindo sob as cinzas.

Abrace-me, pois temo a solidão;

A lâmpada está fraca, e o vinho que espremsmos está fechando nossos olhos.

Olhemos um para o outro antes que
eles sejam fechados.

Alcance-me com seus braços e me abrace;

Deixe que o sono abrace nossa alma como uma só.

Beije-me, minha amada, pois o inverno roubou tudo, menos nossos lábios em movimento.

Você está perto de mim, minha Eternidade.

Quão profundo e amplo será o oceano do Sono,

E quão recente foi o amanhecer!

Canção
da onda

A poderosa costa é minha amada

E eu sou seu querido.

Estamos finalmente unidos pelo amor,

E então a lua me tira dele.

Eu vou até ele apressadamente e parto

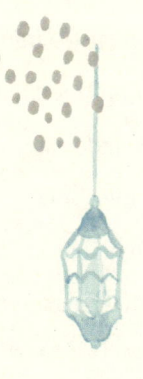

Relutantemente, com muitas despedidas.

Eu furto rapidamente por trás do horizonte azul,

Para lançar a prata de minha espuma sobre o
ouro de sua areia,

E nós nos misturamos em um brilho derretido.

Mato a sua sede e submerjo o seu coração;

Ele suaviza minha voz e subjuga meu temperamento.

Ao amanhecer, recito as regras do
amor em seus ouvidos,

E ele me abraça ansiosamente.

Ao entardecer, canto para ele a canção da esperança,

E então dou beijos suaves em seu rosto;

Sou rápido e temeroso, mas ele é quieto,
paciente e atencioso.

Seu busto largo acalma minha inquietação.

Conforme a maré vem, nós nos acariciamos,

Quando ela se afasta, fico de pé em oração.

Muitas vezes eu dancei em torno de sereias

Enquanto elas subiam das profundezas

E descansavam na minha crista para
observar as estrelas;

Muitas vezes eu ouvi amantes
reclamar de sua pequenez,

E eu os ajudei a suspirar.

Muitas vezes eu provoquei as grandes pedras

E acariciei-as com um sorriso,

Mas nunca recebi risos delas;

Muitas vezes eu levantei almas afogadas

E as carreguei com ternura para minha amada praia.

Ela lhes dá força que pega de mim.

Muitas vezes eu roubei joias das profundezas

E as apresentei à minha amada costa.

Ela as leva em silêncio,

Mas ainda assim eu as ofereço a ela para sempre me acolher.

No peso da noite,

Quando todas as criaturas procuram o fantasma do sono,

Sento-me, cantando em um momento e suspirando em outro.

Estou sempre acordado.

Ai de mim! A insônia me enfraqueceu!

Mas eu sou um amante, e a verdade do amor é forte.

Posso estar cansado, mas nunca morrerei.

Paz

A tempestade se acalmou depois de dobrar os galhos das árvores e se apoiar pesadamente no campo de grãos. As estrelas pareciam resquícios quebrados de relâmpagos, mas agora o silêncio prevalecia sobre todos, como se a guerra da natureza nunca tivesse sido travada.

Naquela hora, uma jovem entrou em seu quarto e se ajoelhou ao lado da cama, soluçando amargamente. Seu coração ardia de agonia, mas ela pôde finalmente abrir os lábios e dizer: "Oh, Senhor, traga-o para casa em segurança para mim. Esgotei minhas lágrimas e não posso oferecer mais, ó, Senhor, cheio de amor e misericórdia. Minha paciência se esgota, e a calamidade busca se apossar de meu coração. Salve-o, ó, Senhor, das garras de ferro da guerra; livrai-o dessa morte impiedosa, pois é impotente, quando governado pelos fortes. Senhor, salve meu amado, que é Teu próprio filho, do inimigo, que é Teu inimigo. Mantenha-o longe do caminho forçado para a porta da morte; deixe-o me ver ou venha e me leve até ele".

Silenciosamente um jovem entrou. Sua cabeça estava envolta em uma bandagem encharcada da vida que escapou.

Ele se aproximou dela com uma saudação de lágrimas e risos, então pegou a mão dela e a

colocou em seus lábios flamejantes. E com uma
voz que demonstrava tristeza passada, alegria
de união e incerteza quanto à reação dela, disse:
"Não tenha medo de mim, porque sou o objeto
de sua súplica. Fique feliz, pois a Paz me trouxe
de volta em segurança para você, e a humanidade
restaurou o que a ganância tentou tirar de nós.
Não fique triste, e sim sorria, minha amada. Não
expresses perplexidade, porque o Amor tem um
poder que dissipa a morte; encanto que conquista
o inimigo. Eu sou seu. Não pense que sou um
espectro emergindo da Casa da Morte para visitar
sua Casa da Beleza".

"Não se assuste, pois agora sou a Verdade, poupado
das espadas e do fogo para revelar ao povo o triunfo do
Amor sobre a Guerra. Eu sou a introdução da palavra
ao jogo da felicidade e paz."

Então o jovem ficou sem fala e suas lágrimas falavam a
linguagem do coração; e os anjos da Alegria pairaram
sobre aquela morada, e os dois corações restauraram a
singeleza que havia sido tirada deles.

Ao amanhecer, os dois ficaram no meio do campo
contemplando as belezas da Natureza prejudicada
pela tempestade. Depois de um silêncio profundo
e reconfortante, o soldado disse a sua namorada:
"Olhe para a escuridão, dando à luz o Sol".

O parque de
diversões da vida

Uma hora devotada à busca da beleza e do amor vale um século inteiro de glória concedida pelos amedrontados aos fortes.

Dessa hora vem a verdade do homem; e durante aquele século a verdade dorme entre os braços inquietos de sonhos perturbadores.

Naquela hora, a alma vê por si mesma a lei natural e, durante esse século, ela se aprisiona atrás da lei do homem; e ela está acorrentada com os ferros da opressão.

Aquela hora foi a inspiração dos Cantos de Salomão, e aquele século foi o poder cego que destruiu o templo de Balbeque.

Aquela hora foi o nascimento do Sermão da Montanha, e aquele século destruiu os castelos de Palmira e a Torre da Babilônia.

Aquela hora foi a Hégira de Maomé e aquele século esqueceu Alá, Gólgota e Sinai.

Uma hora dedicada ao luto e ao lamento da igualdade roubada dos fracos é mais nobre do que um século cheio de ganância e usurpação.

É nessa hora que o coração é purificado pela tristeza flamejante e iluminado pela tocha do amor.

E naquele século, os desejos pela verdade estão enterrados no seio da terra.

Aquela hora é a raiz que deve florescer.

Aquela hora de meditação, a hora de oração e a hora de uma nova era de bem.

E aquele século é uma vida de Nero gasta em autopromoção tirada exclusivamente de substâncias terrenas.

Esta é a vida.

Retratada no palco por muito tempo; registrada mundanamente por séculos; viveu na estranheza por anos; cantada como um hino por dias; exaltada apenas por uma hora, mas a hora é exaltada pela eternidade como uma joia.

A cidade
dos mortos

Ontem me afastei da multidão fétida e fui para o campo até chegar a uma colina sobre a qual a natureza havia espalhado suas belas vestes. Agora eu conseguia respirar.

Olhei para trás e a cidade apareceu com suas mesquitas magníficas e residências imponentes veladas pela fumaça das fábricas.

Comecei a analisar a missão do homem, mas só consegui concluir que a maior parte de sua vida foi marcada com luta e sofrimento. Então tentei não refletir sobre o que os filhos de Adão haviam feito e concentrei meus olhos na parte do campo que é o trono da glória de Deus. Em um canto isolado, observei um cemitério cercado por álamos.

Naquele lugar, entre a cidade dos mortos e a cidade dos vivos, meditei. Considerei o silêncio eterno na primeira e, na segunda, a tristeza sem fim.

Na cidade dos vivos, encontrei esperança e desespero; amor e ódio, alegria e tristeza, riqueza e pobreza, fé e infidelidade.

Na cidade dos mortos há terra que a Natureza converte, no silêncio da noite, em vegetação, depois em animal e depois em homem. Enquanto minha mente vagava dessa maneira, vi uma procissão se movendo lenta e reverentemente, acompanhada por trechos de música que enchiam o céu com melodia triste. Foi um funeral elaborado. Os mortos eram seguidos por vivos que choraram e lamentaram sua partida. Quando o cortejo alcançou o local do sepultamento, os sacerdotes começaram a orar e queimar incenso e os músicos, a tocar seus instrumentos, lamentando os mortos. Em seguida, os líderes avançaram um após o outro e recitaram seus elogios com uma bela seleção de palavras.

Finalmente a multidão partiu e deixou os mortos descansando em um jazigo mais espaçoso e bonito, habilmente projetado em pedra e ferro e rodeado pelas mais caras coroas de flores entrelaçadas.

As pessoas, que tinham se despedido dos mortos, voltaram para a cidade, e eu fiquei as observando de longe e falando baixinho comigo mesmo enquanto o sol descia no horizonte e a natureza fazia muitos preparativos para sua letargia.

Então vi dois homens carregando um caixão de madeira, e atrás deles uma mulher de aparência pobre carregando uma criança nos braços. Por último, veio um cachorro que, com olhos de partir o coração, olhou primeiro para a mulher e depois para o caixão.

Era um funeral pobre. Este convidado da Morte deixou para a sociedade desumana uma esposa miserável, um filho para compartilhar tristezas e um cão fiel cujo coração sabia da partida do companheiro.

Ao chegar ao cemitério, eles depositaram o caixão em uma vala longe dos arbustos e das pedras de mármore e se retiraram depois de algumas simples palavras a Deus. O cachorro virou pela última vez para olhar para o túmulo do amigo, enquanto o pequeno grupo desaparecia atrás das árvores.

Olhei para a cidade dos vivos e disse a mim mesmo: "Esse lugar pertence a poucos". Então olhei para a bela cidade dos mortos e disse: "Esse lugar também pertence a poucos. Senhor, onde está o refúgio de todas as pessoas?".

Ao dizer isso, olhei para as nuvens, mescladas com os mais longos e belos raios dourados do sol. E ouvi uma voz dentro de mim dizendo: "Ali!".

A viúva e seu filho

A noite caía sobre o Líbano Setentrional e a neve cobria as aldeias cercadas pelo Vale do Kadisha, dando aos campos e pradarias a aparência de uma grande folha de pergaminho sobre a qual a furiosa Natureza registrava seus muitos feitos. Os homens voltaram das ruas enquanto o silêncio engolfava a noite.

Em uma casa isolada perto dessas aldeias vivia uma mulher que estava sentada perto da lareira fiando lã, e ao lado dela estava seu único filho, olhando agora para o fogo e depois para a mãe.

Um terrível estrondo de trovão sacudiu a casa e o menino tremeu de susto. Ele jogou os braços ao redor da mãe, buscando em seu afeto proteção contra a Natureza. Ela o pegou no peito e o beijou; então ela o colocou no colo e disse: "Não tenha medo, meu filho, pois a natureza está apenas comparando seu grande poder à fraqueza do homem. Há um Ser Supremo além da neve que cai, das nuvens pesadas e do vento que sopra, e Ele conhece as necessidades da Terra, pois Ele a criou; e Ele olha para os fracos com olhos misericordiosos".

"Seja corajoso, meu garoto. A natureza sorri na primavera, ri no verão e boceja no outono, mas agora está chorando; e com suas lágrimas ela rega a vida, oculta sob a terra.

Durma, minha querida criança; seu pai está nos vendo da Eternidade. A neve e o trovão nos aproximam dele neste momento.

Durma, meu amado, pois este cobertor branco que nos faz sentir frio mantém as sementes aquecidas, e esses fatores, que parecem bélicos, produzirão lindas flores quando o Nissan chegar.

Portanto, meu filho, o homem não pode colher amor até depois de uma triste e reveladora separação, de uma paciência amarga e de sofrimentos desesperadores. Durma, meu garotinho; os bons sonhos encontrarão sua alma, que não tem medo da terrível escuridão da noite e da geada cortante."

O menino olhou para a mãe com olhos sonolentos e disse: "Mãe, meus olhos estão pesados, mas não posso ir para a cama sem fazer minha oração".

Ela olhou para o rosto angelical, com a visão turva por causa de seus olhos marejados, e disse: "Repita comigo, meu garoto: — Deus, tenha misericórdia dos pobres e proteja-os do inverno; aqueça seu corpo vestido com tuas mãos misericordiosas; olhe para os órfãos que dormem em casas miseráveis, passando fome e frio. Ouça, ó, Senhor, o chamado das viúvas que estão desamparadas e tremendo de medo por seus filhos. Abra, Senhor, o coração de todos os humanos, para que possam ver a miséria dos fracos. Para terem misericórdia dos sofredores que batem às suas portas e conduzirem os viajantes a lugares quentes. Cuide, Senhor, dos passarinhos e proteja as árvores e os campos da fúria da tempestade; pois Tu és misericordioso e cheio de amor.".

Quando o Sono capturou o espírito do menino, a mãe o colocou na cama e beijou seus olhos com lábios trêmulos. Então ela voltou e se sentou perto da lareira, fiando a lã para fazer uma roupa para ele.

Canção
da alma

No fundo da minha alma há uma melodia sem palavras,

Uma melodia que vive na semente do meu coração.

Ela se recusa a derreter com tinta no pergaminho;

Envolve minha afeição em uma capa transparente

E flui, mas não em meus lábios.

Como posso suspirá-la?

Temo que possa se misturar com o ar terrestre;

Para quem devo cantá-la?

Ela mora na casa da minha alma,

Com medo de ouvidos agressivos.

Quando investigo com meus olhos internos, vejo a sombra de sua sombra;

Quando toco a ponta dos dedos, sinto suas vibrações.

As ações de minhas mãos prestam atenção à sua presença como um lago deve refletir as estrelas cintilantes;

Minhas lágrimas a revelam, como brilhantes gotas de orvalho revelam o segredo de uma rosa murcha.

É uma canção composta por contemplação,

E publicada pelo silêncio,

E evitada pelo clamor,

E dobrada pela verdade,

E repetida por sonhos,

E entendida pelo amor,

E escondida pelo despertar,

E cantada pela alma.

É a canção do amor;

Como Caim ou Esaú poderiam cantá-la?

É mais perfumada do que o jasmim;

Que voz poderia escravizá-la?

É de coração, como o segredo de uma virgem;

Que corda poderia sacudi-la?

Quem ousa unir o rugido do mar

E o canto do rouxinol?

Quem se atreve a comparar a tempestade estridente

Com o suspiro de uma criança?

Quem se atreve a falar em voz alta as palavras

Destinadas para a fala do coração?

Que ser humano ousa cantar em voz alta

A melodia de Deus?

Canção
da flor

Eu sou uma palavra gentil proferida e repetida
pela voz da natureza;

Sou uma estrela caída da tenda azul no tapete verde.

Sou filha dos elementos com os quais
o inverno concebeu;

A quem a primavera deu à luz;

Fui criada no colo do verão e dormi
na cama do outono.

Ao amanhecer, uno-me à brisa para anunciar a
chegada da luz;

Ao entardecer, junto-me aos pássaros na
despedida leve.

As planícies são decoradas com minhas lindas cores,

E o ar está perfumado com minha fragrância.

Enquanto eu abraço o sono, os olhos da noite
cuidam de mim,

E, quando acordo, olho para o sol,

Que é o único olho do dia.

Eu bebo orvalho pelo vinho, e escuto as
vozes dos pássaros,

E danço com o balanço rítmico da grama.

Sou o presente do amante; sou a coroa do casamento;

Sou a lembrança de um momento de felicidade;

Sou o último presente dos vivos aos mortos;

Sou parte da alegria e parte da tristeza.

Mas eu olho para o alto para ver apenas a luz,

E nunca olho para baixo para ver minha sombra.

Esta é a sabedoria que o homem deve aprender.

Canção
de amor

Sou os olhos do amante, o vinho do espírito e o alimento do coração.

Sou uma rosa.

Meu coração se abre de madrugada, a virgem me beija e me coloca em seu peito.

Sou a casa da verdadeira fortuna, a origem do prazer e o começo da paz e tranquilidade.

Sou o sorriso gentil em seus belos lábios.

Quando a juventude me surpreende, ele se esquece de seu trabalho,

E toda a sua vida torna bons sonhos realidade.

Sou a exaltação do poeta,

A revelação do artista,

A inspiração do músico.

Sou um santuário sagrado no coração de uma criança, que é adorada por uma mãe misericordiosa.

Apareço quando o coração chora; evito a procura;

Minha plenitude busca o desejo do coração;

Ele evita a reivindicação vazia da voz.

Eu apareci para Adão por intermédio de Eva

E o exílio era seu destino;

Mesmo assim, me revelei a Salomão, que extraiu sabedoria da minha presença.

Sorri para Helena e ela destruiu Tarwada;

Mesmo assim, coroei Cleópatra e a paz dominou o Vale do Nilo.

Sou como os séculos — construindo o hoje e destruindo o amanhã;

Sou como um deus que cria e destrói;

Sou mais doce do que o suspiro de uma violeta;

Sou mais violento do que uma tempestade furiosa.

Os presentes por si só não me atraem;

A separação não me desanima;

A pobreza não me persegue;

O ciúme não prova minha consciência;

A loucura não evidencia minha presença.

Vocês que procuram, eu sou a Verdade,
implorando pela Verdade;

E a sua verdade em buscar e receber

E me proteger deve determinar meu comportamento.

Canção
do homem

Estive aqui desde o início e ainda estou aqui.

E ficarei aqui até o fim do mundo,

Pois não há fim para o meu ser aflito.

Eu vaguei pelo infinito do céu, planei no mundo ideal,
e flutuei pelo firmamento.

Mas aqui estou, prisioneiro da grandeza.

Ouvi os ensinamentos de Confúcio;

Ouvi a sabedoria de Brahma;

Sentei-me com Buda sob a Árvore do Conhecimento.

No entanto, aqui estou, vivendo com
ignorância e heresia.

Estava no Sinai quando Jeová se
aproximou de Moisés;

Vi os milagres do Nazareno no Jordão;
Estava em Medina quando Mohammed me visitou.
Mesmo assim, estou aqui, prisioneiro da perplexidade.
Então eu testemunhei o poder da Babilônia;
Aprendi sobre a glória do Egito;
Vi o orgulho guerreiro de Roma.
No entanto, meus ensinamentos anteriores mostraram a fraqueza e a tristeza dessas realizações.
Conversei com os mágicos de Ain Dour;
Debati com os sacerdotes da Assíria;
Recolhi profundidade dos profetas da Palestina.
No entanto, ainda estou procurando a verdade.
Reuni sabedoria na pacata Índia;
Investiguei a antiguidade da Arábia;
Ouvi tudo que pode ser ouvido.
No entanto, meu coração está surdo e cego.
Sofri nas mãos de governantes despóticos;
Sofri escravidão sob invasores insanos;
Sofri fome imposta pela tirania;
No entanto, ainda possuo algum poder interior com o qual luto para viver e saudar cada dia.
Minha mente está cheia, mas meu coração está vazio;
Meu corpo está velho, mas meu coração é uma criança.

Talvez na juventude meu coração cresça,

Mas eu oro para envelhecer e chegar ao momento de meu retorno a Deus.

Só então meu coração se encherá!

Estive aqui desde o início e ainda estou aqui.

Devo permanecer aqui até o fim do mundo,

Pois não há fim para o meu ser aflito.

Antes do trono
da beleza

Em um dia difícil fugi da face sombria da sociedade e do clamor estonteante da cidade e direcionei meus passos cansados para o beco espaçoso. Segui o curso do riacho e os sons musicais dos pássaros até chegar a um local solitário, onde os galhos das árvores impediam o sol de tocar a terra.

Fiquei lá, e foi divertido para minha alma — minha alma sedenta que não tinha visto nada além da miragem da vida em vez de sua doçura.

Estava profundamente absorto em pensamentos e meu ânimo estava navegando pelo firmamento

quando uma hora, usando um ramo de videira
que cobria parte de seu corpo nu e uma coroa
de papoulas em torno dos cabelos dourados, ela
apareceu de repente para mim. Ao perceber meu
espanto, ela me cumprimentou dizendo: "Não
tenha medo de mim; eu sou a Ninfa da Selva".

"Como uma beleza como a sua pode se comprometer a morar neste lugar? Por favor, me diga quem você é e de onde você vem?", pedi. Ela se sentou graciosamente na grama verde e respondeu: "Eu sou o símbolo da natureza! Sou a sempre virgem que seus antepassados adoraram e, para minha honra, eles ergueram santuários e templos em Balbeque e Jbeil". Ousei dizer: "Mas aqueles templos e santuários foram destruídos e os ossos de meus adorados ancestrais se tornaram parte da Terra; nada foi deixado para comemorar sua deusa, exceto algumas poucas e lamentáveis páginas esquecidas no livro de história".

Ela respondeu: "Algumas deusas vivem na vida
de seus adoradores e morrem com sua morte,
enquanto outras vivem uma vida eterna e infinita.
Minha vida é sustentada pelo mundo da beleza que
você verá onde quer que descanse seus olhos, e essa
beleza é a própria natureza; é o início da alegria
dos pastores entre as colinas, e da felicidade dos
aldeões nos campos, e do prazer das tribos cheias
de temor entre as montanhas e as planícies. Essa
beleza promove o sábio ao trono da verdade".

Então eu disse: "A beleza é um poder terrível!". E ela respondeu: "Os seres humanos temem todas as coisas, até a si mesmos. Vocês temem o céu, a fonte da paz espiritual; vocês temem a natureza, o refúgio do descanso e da tranquilidade; vocês temem o Deus da bondade e o acusam de raiva, enquanto ele está cheio de amor e misericórdia".

Depois de um silêncio profundo, misturado a doces sonhos, perguntei: "Fale-me daquela beleza que o povo interpreta e define, cada um segundo a sua concepção; eu a vi honrada e adorada de diferentes jeitos e maneiras".

Ela respondeu: "Beleza é aquilo que atrai sua alma, e que ama dar e não receber. Quando você encontra a Beleza, você sente que as mãos no fundo do seu eu interior são estendidas para trazê-la para o domínio do seu coração. É a magnificência combinada de tristeza e alegria; é o Invisível que você vê, e o Vago que você entende, e o Mudo que você ouve — é o Santo dos Santos que começa em você e termina muito além de sua imaginação terrena".

Então a Ninfa da Selva se aproximou de mim e colocou as mãos perfumadas sobre meus olhos. E quando ela se retirou, encontrei-me sozinho no vale. Quando voltei para a cidade, cuja turbulência já não me incomodava, repeti as palavras dela:

"Beleza é aquilo que atrai sua alma, e que ama dar e não receber."

O chamado
do amor

Onde você está, meu amado? Você está naquele pequeno paraíso, regando as flores que olham para você como crianças olham para o seio da mãe?

Ou você está em seu quarto, onde o santuário da virtude foi colocado em sua honra e no qual você oferece meu coração e minha alma como sacrifício?

Ou entre os livros, buscando o conhecimento humano, enquanto você está repleto de sabedoria celestial?

Ó, companheiro da minha alma, onde está você? Você está orando no templo? Ou chamando a Natureza no campo, paraíso dos seus sonhos?

Você está nas cabanas dos pobres, consolando os de coração partido com a doçura de sua alma e enchendo as mãos deles com sua generosidade?

Você é o espírito de Deus em todos os lugares; você é mais forte do que os séculos.

Você se lembra do dia em que nos conhecemos, quando a auréola do seu espírito nos rodeou e os Anjos do Amor flutuaram, cantando o louvor da ação da alma?

Você se lembra de nos sentarmos à sombra dos galhos, abrigando-nos da humanidade, como

as costelas que protegem o segredo divino do
coração de ferimentos?

Lembra-se das trilhas e da floresta que percorremos,
de mãos dadas, e de nossa cabeça apoiada uma
na outra, como se estivéssemos nos escondendo
dentro de nós mesmos?

Lembra-se da hora em que me despedi de você e do beijo
com gosto de mar que você colocou em meus lábios?
Aquele beijo me ensinou que unir lábios em amor revela
segredos celestiais que a língua não pode proferir!

Esse beijo foi a introdução de um grande suspiro,
como o sopro do Todo-Poderoso que transformou
a terra em homem.

Esse suspiro conduziu meu caminho para o mundo
espiritual, anunciando a glória de minha alma; e lá se
perpetuará até que nos encontremos novamente.

Lembro-me de quando você me beijou e tornou a me
beijar, com lágrimas correndo pelo rosto, e disse: "Os
corpos terrenos muitas vezes devem se separar para
propósitos terrestres e devem viver separados impelidos
por intenções mundanas".

"Mas o espírito permanece unido com segurança
nas mãos do Amor, até que a Morte chegue e leve as
almas unidas a Deus.

Vá, meu amado; o amor escolheu você como seu
representante, pois é a beleza que oferece a seu

seguidor a taça da doçura da vida; quanto aos meus
próprios braços vazios, seu amor permanecerá
meu noivo consolador e sua memória, meu
casamento eterno."

Onde você está agora, meu outro eu? Você está acordado
no silêncio da noite? Deixe a brisa limpa transmitir a você
cada batida e afeto do meu coração.

Você está acariciando meu rosto em sua memória? Essa
imagem não é mais minha, pois a tristeza espalhou sua
sombra em meu rosto feliz do passado.

Soluços secaram meus olhos que refletiam sua beleza e
secaram meus lábios que você adoçou com beijos.

Onde você está, meu amado? Você ouve meu choro além
do oceano? Você entende minha necessidade? Você
conhece a grandeza da minha paciência?

Existe algum espírito no ar capaz de transmitir a
você o sopro deste jovem moribundo? Existe alguma
comunicação secreta entre os anjos que levará a
você minha reclamação?

Cadê você, minha linda estrela? A obscuridade da vida me
lançou sobre seu peito; a tristeza me conquistou.

Navegue seu sorriso no ar, pois vai me alcançar
e me animar! Respire sua fragrância no ar,
pois vai me sustentar!

Onde você está, meu amado?

Oh, quão grande é o Amor!

E como sou pequeno!

O palácio e a cabana

PARTE I

Quando a noite caiu e a luz cintilou na grande casa, os criados ficaram à porta maciça aguardando a chegada dos convidados; e sobre as vestes de veludo exibiam botões dourados.

As magníficas carruagens pararam no parque do palácio e os nobres entraram, vestidos com trajes lindos e decorados com joias. Os instrumentos encheram o ar com melodias agradáveis enquanto os dignitários dançavam ao som da música suave.

À meia-noite, as melhores e mais saborosas comidas eram servidas em uma bela mesa decorada com todos os tipos mais raros de flores. Os festeiros jantaram e beberam abundantemente, até que a sequência de vinhos começou a

fazer sua parte. Ao amanhecer, a multidão
se dispersou ruidosamente após passar uma
longa noite de embriaguez e gula, que apressou
seu corpo desgastado em sua cama profunda
com um sono anormal.

PARTE 2

Ao entardecer, um homem vestido com trajes de trabalho
pesado parou diante da porta de sua pequena casa e
bateu à porta. Ao abrir, ele entrou e cumprimentou
os ocupantes de maneira alegre, sentando-se entre os
filhos que brincavam junto à lareira. Em pouco tempo,
sua esposa preparou a refeição e eles se sentaram a uma
mesa de madeira para comer. Depois de comer, eles se
reuniram em torno da lamparina a óleo e conversaram
sobre os acontecimentos do dia. Quando o início da noite
passou, todos permaneceram em silêncio e se renderam
ao Rei do Sono com uma canção de louvor e uma prece de
gratidão nos lábios.

Impressão e Acabamento
Gráfica Oceano